歴史文化ライブラリー

338

江戸時代の遊行聖

圭室文雄

目　次

時宗の本寺・末寺制度

近世の遊行上人と僧侶

遊行上人と将軍や天皇とのつながり

大名と遊行上人

熊野参詣

遊行上人の布教活動と収入

あとがき

参考文献

遊行聖とは――プロローグ

1　遊行聖とは

江戸時代の遊行聖

「遊行聖（ゆぎょうひじり）」――江戸時代の遊行上人――というテーマでまとめてみることにした。遊行聖や遊行上人という呼称は一般的にいえば鎌倉時代の一遍の代名詞ととらえられるが、実は遊行上人の名称は時宗（じしゅう）遊行派の歴代上人のことである。ここでは遊行聖＝遊行上人として論述したい。

遊行聖は近世には実に生き生きとした信仰者として崇められ、民衆に熱狂的に歓迎されていた。歴代の遊行聖は全国津々浦々を廻国（かいこく）し、きわめてわかりやすい方法で布教していた。難しい教義・経論を説くのではなく、民衆に対して遊行上人の手から化益（けやく）（感化、教導し、利益を与える）賦算（ふさん）（札配り）を行うという方法であった。その札には「南無阿弥陀仏決定往生六十万人」と記されており、これを民衆が受け取ることによって現世と来世の安穏が保証される、という論法である。つまり現世でのさまざまな利益と来世での極楽往生が同時に保証されるのである。実にわかりやすい説得の方法である。

近世仏教と民衆

近世の仏教は幕藩体制の支配機構に編成され、各宗の本山は幕府が出した寺院法度により決められ、末寺はそれぞれの宗派ごとに本山の下に支配される本末制度が形成された。各宗派には幕府への窓口として寺社奉行の下に触頭寺院が決められ、触頭寺院を通じて全国の末寺にキリシタン摘発の任務が与えられた。また一方でキリシタン禁制のため寺請制度が施行され、日本人全員が身分保証（キリシタンではない）のため近隣の寺院の檀家として把握されることになった。つまり檀家の側に宗派や寺院の選択権がないままに檀那寺で代々葬祭を義務づけられたのである。このような檀家側の閉塞感を解決させるためにたくみな方法を取り信者を呼び込んだのが伊勢の御師・高野山の高野聖をはじめとする宗教者たちであった。これを霊場信仰といっている。四国八十八ヵ所・西国三十三観音・坂東三十三観音・秩父三十四観音などはその代表的なものである。これらは現世利益、主として病気平癒の祈願が中心であった。しかしこれはいずれも民衆が長途霊場に赴くケースであった。

さてここで登場する遊行聖は逆に宗教者が民衆に近づいてきて現世と来世を保証する方法である。これだと民衆は霊場に行かずして居ながらにして利益を受けることができる。遊行聖はさらに葬祭と祈禱の両面を持つカリスマとして登場したのである。そのため民衆は遊行聖のもとに群参したのである。

本書では遊行聖がどのような権威づけして、どのようなコースで全国を廻国し、各地の大名がどう対応したのか、民衆は遊行聖に何を求め何が叶えられたのか、などについて論究してみたいと思う。

近世の仏教

キリシタンの弾圧と寺請制度

伴天連追放令の布達

二代将軍徳川秀忠は全国統一がほぼ完成した慶長十八年（一六一三）十二月、伴天連追放令を布達した。

この当時のキリスト教は、ヨーロッパ諸国と日本との貿易のためではなく、日本人の信仰を改変し、日本を植民地支配することが目的である。それゆえ日本の神道や仏教の敵として即刻禁止すべきである、としてこの法令が布達された。

この法令を起草したのは京都臨済宗南禅寺住職の金地院崇伝であった。将軍秀忠の朱印を押して布達された。法令が布達されるとさっそく幕府のキリスト教追討奉行である小田原藩主大久保忠隣がキリスト教の拠点の一つである京都へ派遣された。彼は京都の二つの教会を焼き払い、宣教師を長崎に追放している。その後宣教師は国外に追放された。

一方で全国の大名領においては、翌慶長十九年二月から領内の教会を焼き払い、キリシタンの墓地を破壊し、キリスト教教徒を捕らえ、さらに改宗を迫り、改宗に応じなかった者を入牢させた。また改宗に応じた者には「転吉利支丹寺請証文（ころびきりしたんてらうけしょうもん）」（キリスト教を改宗し寺院の檀家になったことを示す証文）を作成させている。

「転吉利支丹寺請証文」はキリシタン一名につき四通作成した。当時の史料が現存している小倉藩（「松井家文書」熊本大学図書館所蔵）の例をみると、その内容の第一は本人の転び証文（改宗した証文）、第二は村民の仲間が保証人となり、本人が転んだことを誓約した証文、第三は村役人である庄屋と手永（てなが）の惣庄屋連名の身分保証書、第四は寺の住職がこのキリシタンが転んで自分の寺の檀家になったことを証明する証文、などである。かなり煩瑣な手続きではあるが、小倉藩ではこれほどまでに徹底して改宗を迫っていることがわかる。以上の四通の証文の宛先は、いずれも小倉藩家老である。

小倉藩では、幕府の伴天連追放令が出されて二ヵ月後にはこのような証文を作成している。この時小倉藩で捕らえられたキリシタンは約二〇〇〇名と報告されている。

つまりこの時期に初めてキリシタンのみではあるが幕藩領主により強制的に寺と檀家と

の関係が結びつけられたといえる。

もちろん、これ以前にも民衆が寺と檀家関係を結んでいる事例がないわけではない。たとえば高野山塔頭の多くの寺には「月牌帳」と称するものが大量に残されている。これは全国から民衆が高野山に参詣したおり塔頭で近親者の菩提供養をした時の記録である。そこには参詣者の国・郡・村名と、姓氏名、さらには近親者の法名が記されている。その法名は高野山塔頭がつけたものではなく、参詣者の地元の寺の住職が付与したものである。そのため高野山の「月牌帳」には真言宗の法名のみではなく仏教諸宗派の法名が記されている。そしてこの「月牌帳」に民衆の法名が急増するのは一五五〇年ごろからのことである。このことから推定すると、おそらくこの時期ごろには全国各地で民衆が寺で葬式を行い、住職から法名を付与されていたと考えられる。しかしこの段階で日本人全員が寺の檀家であったわけではなく、ごく限られた人々が寺との関係を結んでいたと思われる。日本人全員が仏教徒となり檀家制度が形成されたのはもう少し時代がさがる、と考えていいと思う。それは幕藩権力の強制力により、制度的に組織されたものと考えられるからである。

寺請証文の作成

日本人全員に寺請証文が義務づけられるようになったのは寛永十五年（一六三八）からのことで、この年二月末日島原の乱が鎮圧されてからのことである。幕府は島原の乱のほぼ半年後九月十三日、いわゆるキリシタン高札を全国に建てている。中学や高校の日本史の教科書にも出てくるが、文面は次の通りである。

一、伴天連の訴人　銀子二百枚
一、いるまんの訴人　同　百枚
一、きりしたんの訴人　同　五拾枚又は三拾枚訴人によるべし
右訴人いたし候輩は、たとい同宗門たりというとも、宗旨をころび申出候においてはその科をゆるし、御褒美として書付の如く下さるべき旨仰出され候、以上
寛永拾五年九月十三日
（「永青文庫」熊本大学図書館）

とある。ところで、この高札の触書が各大名のところに届くのには少し時間がかかったようである。熊本藩主細川忠利が老中からの触書として領内に命じたのは約一ヵ月後の同年十月六日のことであった。

この高札場に掲げられた触書について少し検討してみる。まず伴天連をみつけて訴え出

た場合は銀子二〇〇枚の褒美を出すとしているが、銀子一枚は銀四三匁なので銀二〇〇枚は銀八貫六〇〇匁にあたる。このころのレートでみると銀六〇匁＝金一両＝米一石であるので、米に直すと約一四三石三斗にあたる。一家族平均四名とすると一名が一年で食べる米は約一・八石である。四名では七石二斗が一年分となる。つまり伴天連を密告すると約二〇年分の米がもらえることになる。きわめて高額な褒賞金といえる。いるまんの訴人では約一〇年分、キリシタンの訴人では三～五年分の米にあたる。このような高額な賞金が出されると、当然のことながら次々と芋づる式にキリシタンが密告され、摘発されることになった。その数字は詳細に示されてはいないが、この触書によって摘発されたキリシタンの様子は次の史料で明らかにできる。

キリシタンの摘発

明暦四年（一六五八）「吉利支丹出申国所之覚」（『続々群書類従』第十二宗教部所収）にみえているが、キリシタンが摘発された範囲は、北は松前から南は薩摩にいたる全国各地である。この史料の多くには国名・地名・大名名・キリシタンの数などが記されている。しかし記載の仕方がまちまちであり、たとえば「上野国酒井雅楽頭領分厩橋（前橋）より宗門四・五人出申候、内侍一人出申候」とあったり、「摂津国大坂より宗門多く出で申候、このところ先年キリシタン寺（教会）御座候」

とあったり、先述の小倉藩では「小倉より七・八人も出で申候」とあるが、実際には約二〇〇〇名のキリシタンが捕らえられているのにこの程度しか記されていない。

岡山藩（藩主池田光政）の場合も「岡山より宗門中頃に出申候、内侍二人出で申候」とあるが、岡山藩側に残る慶安三年（一六五〇）「吉利支丹之覚」（岡山大学池田家文庫所蔵）によると、一三〇名のキリシタンが書上げられている。以上のようにキリスト教徒の実数がわからない地域が多いので史料的な限界はあるが、全国で一三四ヵ所の直轄地や大名領でキリシタンが摘発されていることは驚くべきことである。

先にみたキリシタン高札と同時に幕府が全国の直轄領や大名領の寺院に対して出したのが「寺請証文」の案文である。このことは教科書などには取り上げられていない。しかし実はこれこそが現在の檀家制度の契機になった重要なことであった。文面は次の通りである。

吉利支丹御改（おあらため）ニ付以一札（いっさつをもって）申上候事

一、何宗のたれと申者は

右の者ども我等一宗のぼだい（菩提）檀那にて御座候こと実正なり、もし

キリシタン宗旨にて候と、わきより

訴人御座候わば、愚僧まかりいで申
しわくべく候
年月日
いずれの宗の寺
（神奈川県藤沢市羽鳥　三觜博家文書）

＊史料は漢文の白文の場合が多いが、読みやすくするため仮名混じりの文章にした。以下同じ。

幕府が全国の寺院（菩提寺）に対してその寺の檀家がキリシタンでないことを保証させ、もし誰からかキリシタンの疑いがかけられたならば、住職が出かけて行き申し開きをすると、書かせている。つまり幕府が全国の寺院住職に対してキリシタン摘発の任務を与えたことである。そして最後に宗派名・寺院名を書かせて捺印をさせている。

檀家制度の形成

ところで、この時期までに日本人全員がそれぞれ菩提寺を持っていたわけでもなかったし、一方で全国に約六万五〇〇〇ヵ町村があったが、その町や村に、日本人全員を受け入れるだけの寺が存在していたわけでもなかった。つまり寛永十五年（一六三八）に幕府が寺請証文を義務づけたことにより、日本人全員がどこかの寺、つまり菩提寺と寺檀（じだん）関係を急いで結ばないと自分の身分保証ができなくなった。それゆえ人々は家から近い所にある寺と信仰の有無に関係なく寺檀関係を結ぶことになったのである。

ここでは仏教教団側にとってもさまざまな転機が訪れたといっていいと思う。この段階で中世後期以来、村々には僧侶が定住していない持仏堂・阿弥陀堂・地蔵堂・不動堂などの堂宇と呼ばれるものが数多くあったので、一つはここに僧を定住させ寺に昇格させていくことが考えられた。とりわけ近隣の有力寺院が抱えていた弟子の僧侶を派遣して定住させるか、あるいは在地に住んでいる篤信者で阿弥号（あみごう）や聖号を持っている半僧半俗の者を堂宇に住まわせ、村の人々が講中（こうじゅう）を作り経済的負担をして、堂宇を寺に昇格させていくケースも多くみられた。つまり村人たちにとっては寺請証文を作成するための寺が急ぎ必要になった。それゆえ村側の要求として寺を作っていくことにもなった。現存する寺院の約七〇%は寺請証文が日本人全員に義務づけられた一六四〇年ごろから一六七〇年ごろまでに開創されたといっても過言ではない。

さて話を寺請証文にもどしてみると、先述のように幕府が寺請証文の案文を全国の寺に配布したのは寛永十五年九月十三日のことであったが、幕府の直轄領が多い関東ではほぼ案文通りの文面で約一ヵ月後には代官宛に提出されている。

つまり幕府は全国の寺院住職を利用して寺請証文を書かせ、キリシタン弾圧を徹底するとともに、同時に日本人全員の戸口調査を寺の住職にまかせたのである。逆にいえば寺院側はこの寺請制度を梃子（てこ）にして寺院の経営を安定させる檀家制度を形成することになったのである。信仰の面でいえば寺と檀家は最初からその宗派の教義とは無関係に寺檀関係を結んだといえる。

次に寺院の階級制度である寺院本末制度がいつごろから形成されたかについて記してみたい。

寛永年間の寺院本末帳

寺院本末帳の作成

江戸時代の寺院本末帳は幕府が各宗本山に提出を命じたもので、最も古いものは寛永九〜十年（一六三二〜三三）のもので、原本は現在国立公文書館内閣文庫に所蔵されている。

寛永の諸宗末寺帳作成の過程について若干記してみると、『本光国師日記』（『日本仏教全書』）の寛永九年九月三日の条に、林道春（羅山）から金地院崇伝に宛てた書簡がある。それによると、

一筆啓達し候、よって五山・十刹、本寺・末寺御書き立て候て下さるべく候、その寺々の領地高をも、同じく御書き添え候て下され候、お尋ねの儀に候間、御存知なら

れ候分仰せ付けられ、御目録やがて待ち入り存知候、なお参拝の節を期し奉り候　恐
惶謹言

とみえている。林羅山が京都五山筆頭の南禅寺の僧で、かつ僧録司である金地院崇伝に対して、臨済宗の五山・十刹の寺院の本寺名・末寺名の書上げとその寺領の書上げを提出するよう命じている。これに対して金地院崇伝は、二日後の九月五日さっそく林羅山に書類を提出している。『本光国師日記』の同日の条によれば、

同五日、五山・十刹、本寺・末寺幷(ならびに)寺領目録書き写し、道春へ遣わす、案左の如し、
京都の五山（『倭漢禅刹』の冊をもって之を写す）後の文斯(か)くの如し、
五山之上瑞龍山太平興国南禅々寺　開山大明国師
霊亀山天龍資聖禅寺　開山夢窓国師(むそうこくし)
萬年山相国承天禅寺　開山夢窓国師
東山建仁禅寺　開山千光祖師
恵日山東福禅寺　開山聖一国師
京師萬寿禅寺　開山宗覚禅師
鎌倉之五山

巨福山建長興国禅師　開山大覚禅師

私に浄妙寺まで五山はじめ、右これを書き、『倭漢禅刹』の冊に見え候間、つぶさに記さず（中略）

十刹

京師等持寺　開山夢窓国師

私に右の如く二十九か寺これを書き、奥にこの外大徳寺、ただし今はこれをのぞく、と書くなり、諸寺の名、『倭漢禅刹』にこれあり（中略）

関東十刹

錦屛山瑞泉寺　開山夢窓国師

私に右の如く十二か寺これを書き、諸寺の名、『倭漢禅刹』にこれあり（中略）

諸山の禅刹

五畿内

城州平安山佛心寺　開山無象和尚

私に右の如く十七か寺これを書く、その奥にこのほか龍翔寺、但し今はこれを除く、と書くなり、諸寺の名、『倭漢禅刹』にこれあり、（後略）

と、このあと東海道・東山道・北陸道・山陰道・山陽道・南海道・西海道と、それぞれ諸山各寺院を書上げている。このように金地院崇伝が五山・十刹・諸山の寺々を書上げて林羅山に提出している。この『本光国師日記』の記事は、現在国立公文書館内閣文庫に所蔵されている『諸宗末寺帳』の中の「諸宗寺牒目録」の内容と一致する。林羅山が金地院崇伝に提出を要請してから二日後に差し出していることがわかる、貴重な史料である。もちろんこの二日間で全国の五山派の寺院を調査することは不可能である。この疑問を解き明かしてくれるのは、『本光国師日記』にみえる「諸寺倭漢禅刹にこれあり」とある『倭漢禅刹』である。そこでもう少し検討してみよう。

寛永年間の寺院本末帳の限界

まず『倭漢禅刹』と「諸宗寺牒目録」を照合してみると、南禅寺をはじめとして京都五山・鎌倉五山の記事はすべて一致する。十刹の大半は照合可能であるが、大徳寺・妙心寺の二ヵ寺は『倭漢禅刹』にはあるが「諸宗寺牒目録」にはみえていない。関東十刹はすべて合致する。諸山クラスでは五畿内で五ヵ寺、東海道で五ヵ寺、東山道で一ヵ寺、北陸道で一ヵ寺、南海道で二ヵ寺、西海道で一ヵ寺、などが「諸宗寺牒目録」には記されていない。このほかはすべて一致する。

以上のことから明らかになったのは、金地院崇伝が林羅山に提出するにあたって『倭漢禅刹』をほとんどそのまま書き写していたことがわかる。

金地院崇伝は、大徳寺を省く、としているが、これは寛永四年（一六二七）の紫衣勅許事件が関係していると思われる。紫衣勅許事件とは後水尾天皇が紫衣を乱発したため幕府が介入し、後水尾天皇はその後退位させられた事件をいう。紫衣は天皇が各宗本山の現住職のみに紫の衣を下賜する制度である。ところが売官であるので天皇が本山以外の僧侶にも乱発することが多かった。幕府は天皇が乱発した紫衣を没収した。これに対して寛永四年、大徳寺・妙心寺が幕府に抵抗した。そのため、大徳寺・妙心寺の僧侶は追放された。それゆえ大徳寺を外したものと思われる。

なお、妙心寺の寺院本末帳は寛永十年三月十四日『正法山妙心禅寺末寺幷末々帳』と題して、妙心寺が幕府に提出したものが残っている。大徳寺については残されていない。このほか、「諸宗寺牒目録」の奥書には、

> 右その寺々の開山・宗派次第、本寺・末寺分明に候、この諸寺は皆出世所にて候、右のほか五山諸塔頭の下に末寺数多これあり、それは記録所持申さず候、以上

と、金地院崇伝自身がこの本末帳の不備を認めている。おそらく臨済宗以外の宗派についても同様の手法がとられたものと思われる。

たとえば曹洞宗の場合、寺院本末帳を作成するにあたり幕府は触頭の龍穏寺・大中寺・総寧寺・可睡斎に命じているが、これらの寺は触頭が存在する周辺の末寺のみを書上げており、書上げた寺の約九八%は関東・東海地方である。永平寺・総持寺が存在する北陸地方は越後の朝日寺一ヵ寺のみである。両本山の書上げはもとよりその塔頭や末寺すら記されていない。つまり全国を悉皆調査していないことが明らかである。以上のことから寛永年間（一六二四〜四四）の寺院本末帳は提出したそれぞれの宗派においても史料的限界が指摘される。

本末帳記載の宗派分布

次に国立公文書館内閣文庫に現存している寺院本末帳を具体的にみてみよう。ただこの寛永期には大きな宗派でいえば一向宗・本山修験・当山修験などの寺院本末帳は残っていない。

表1は寛永年間の本末帳を表化したもので、宗派ごとの地域分布を明らかにしたものである。

総数一万二〇八〇ヵ寺とあり、おそらくこれは

地域分布

九州	不記	不詳	合計
			4
			928
			2700
			17
	91	13	601
15			275
57	167		1920
	12	2	3371
60		13	2264
132	270	28	12080

表1　寛永9～10年（1632～33）寺院本末帳に見る宗派ごとの

	宗　派	松前	東北	関東	東海	北陸	近畿	中国	四国
1	天台宗			4					
2	古義真言宗			871	57				
3	新義真言宗		69	2325	30	276			
4	律宗			4	1		12		
5	浄土宗		45	451	1				
6	時宗		35	130	42	24	18	10	1
7	臨済宗		4	557	918	38	76	80	23
8	曹洞宗		54	2089	1207	1	5	1	
9	日蓮宗	4	20	841	464	302	256	284	20
	合　計	4	227	7272	2720	641	367	375	44

参考文献　『諸宗末寺帳』国立公文書館内閣文庫所蔵

当時存在した寺の何分の一かと思われる。まず宗派ごとにみてみる。

天台宗の場合は鎌倉宝戒寺末の四ヵ寺のみの記載である。天明六年（一七八六）の寺院本末帳が水戸彰考館文庫に一四冊残されているが、そこには末寺総数約二八〇〇ヵ寺が記されている。なお幕末期に作成された「扶桑台宗本末記」（『続天台宗全書』寺誌1）によれば、総寺院数は六二ヵ国で約一万ヵ寺である。

古義真言宗は寛永十年（一六三三）では九二八ヵ寺である。しかも関東・東海のみである。この宗の本山が集中する近畿は空白である。水戸彰考館文庫には、江戸古義真言宗触頭高野山学侶集議中より提出した「古義真言宗本末帳」が二五冊残っている。その内訳は天明七年一冊・寛政三年

（一七九一）一二冊・寛政四年二冊の合計一五冊である。総末寺数は六二ヵ国二島で約九八〇〇ヵ寺である。

新義真言宗は寛永十年には二七〇〇ヵ寺であるが、これも地域的偏りがあり、いずれも東国に限られている。水戸彰考館文庫には、江戸新義真言宗触頭弥勒寺・根生院・円福寺・真福寺から寺社奉行に提出された寛政七年「新義真言宗本末帳」一五冊が残っており、総末寺数三九ヵ国で約一万四五〇〇ヵ寺が記されている。

真言律宗は、寛永十年「北京東山泉涌寺本末帳」には一七ヵ寺記されているが、天明六年十一月「真言律宗霊雲寺末寺院牒」によると、末寺四六ヵ寺、塔頭七ヵ寺、合計五三ヵ寺が記されている。末寺の分布は一三ヵ国である。ただし泉涌寺末寺は含まれていない。

浄土宗は、二冊あり、いずれも増上寺了学が提出したものであり、寛永九年十一月九日「浄土宗諸寺之帳」「浄土宗増上寺末寺帳」の二冊である。総寺院数は六〇一ヵ寺、表に見るように関東が圧倒的に多く、ついで東北地方である。本山知恩院が所在する近畿は空白である。このことから増上寺が周辺の末寺を書上げたにすぎないといえる。全国の浄土宗末寺を書上げたものに、元禄九年（一六九六）「蓮門精舎旧詞」（京都知恩院所蔵）と、「浄土宗由緒書」（増上寺所蔵）がある。前者が原本で、後者が写本である。総寺院数は約七二

○○ヵ寺である。

時宗は寛永十年三月一日「時宗藤沢遊行末寺帳」で、総寺院数二七五ヵ寺である。時宗遊行派のみの末寺帳で他派の寺院は含まれていない。時宗は他の宗派に比較すると少ないながらも末寺が全国的に分散していることがわかる。このような教線の拡大は遊行上人が廻国するにあたってその布教の拠点として末寺を設立したものと思う。

臨済宗は寛永の総末寺数が一九二〇ヵ寺で、ほぼ全国的ひろがりをみせているが、そのうちで最も多くの末寺を抱えているのは京都妙心寺派の七四四ヵ寺、ついで多いのは鎌倉建長寺派五八二ヵ寺、このほかいわゆる五山・十刹は二三五ヵ寺、この三派で約八一％を占めている。しかしこれとてこの時代のすべての寺院をカバーしているとは思えない。たとえば「諸宗寺牒」の末尾には「右のほか五山諸塔頭の下に末寺数多これあり、それは記録存じ申さず」とあり、塔頭・末寺の把握が不十分であることを示している。この表の分布の広がりは「五山・十刹目録」が六〇ヵ国に及び、「妙心寺末寺帳」が四九ヵ国に分布していることによる。もちろん臨済宗寺院の全体がこの程度の末寺数ではなかったことは当然である。たとえば妙心寺末寺は寛永十年段階では七四四ヵ寺であるが、水戸彰考館文庫にある寛政元年「禅宗済家妙心寺派下寺院帳」によると末寺総数五一三〇ヵ寺とある。

さらに同年「妙心寺派下諸国寺院廃壊別帳」によると、三九七ヵ寺が記されている。このことから妙心寺末寺の最盛期には五五二七ヵ寺あったことがわかる。これからみれば寛永段階は約一三・五%である。水戸彰考館文庫にある臨済宗寺院の天明～寛政期の寺院本末帳にみる末寺総数は一万二三八三ヵ寺である。寛永期の総数は一五・五%にすぎない。

曹洞宗は末寺数三三七一ヵ寺である。表で明らかなように関東・東海に集中している。曹洞宗については延享四年（一七四七）「曹洞宗寺院本末帳」（横浜総持寺所蔵）によると約一万七七〇〇ヵ寺記されている。その意味からみると、寛永期は約一九%にすぎない。

日蓮宗は身延山久遠寺と京都一四本山の寺院本末帳で、寛永十年の全末寺数が二二六四ヵ寺である。全国に末寺が分散している様子がわかる。江戸幕府は寛永七年日蓮宗不受不施派を弾圧したため、日蓮宗寺院に対して警戒心を持っており、他宗派よりも徹底した調査を行っている。江戸時代中期幕府が提出を命じた延享年間（一七四四～四八）の寺院本末帳が身延山久遠寺に残されているので、これが公開されれば日蓮宗の末寺の総数がつかめると思う。

杜撰な寛永本末帳

以上、国立公文書館内閣文庫の史料とその後の寺院本末帳の概略と残存史料について若干の検討を試みたが、第一に寛永段階の調査はきわめて杜撰であったことが指摘できる。この段階の諸宗派末寺の全国的な分布を把握することはできない。第二に天明～寛政期のものは宗派によってはほぼ全体像をしめしていると思われるが、全宗派を網羅していないのでこの時期の総寺院数はつかめない。第三に寛永期以降とりわけ寛文期（一六六一～七二）宗門人別帳作成の時期まで、各宗派の新しい寺院が急増しているが、これもいくつかの地域しか検証できず、また宗派により断片的な史料が残されているが、いずれも史料的限界がある。第四に各宗派本山の史料が公開されなければ実数がつかめないのが現状である。江戸時代の最盛期に寺院がどの程度存在していたかを明らかにできる史料は管見の限りでは見出せない。江戸時代寺院の総数は推定すると一三～四万ヵ寺前後かと思われる。現存する寺は約七万五〇〇〇ヵ寺であるが、これとてその三割方は無住の寺である。ところで、廃寺の多くは明治初年の廃仏毀釈で減少したものであり、現在無住になっている寺は一九六〇年代以降の人口の都市への移動により、荒廃した農村に残る寺である。

次に寺院経営の基盤となった檀家制度がどのような契機で成立したかをみてみよう。

宗旨人別改帳の作成と檀家制度

寺請証文の作成を通じて寺請制度が成立すると、寺請証文を村ごとに集めて、村民全体の帳面を作成するようになった。これを宗旨人別改帳と称している。要するに現在の戸籍である。寺はこれを利用して檀家の名簿を作成し檀家制度を形成していった。つまり寺請制度という幕藩権力を背景にし、寺院がキリシタンの摘発を依頼されたため、檀那寺の法的位置づけがされた。それゆえその強制力を強めていったのである。

寺院住職の役割

幕法により檀家制度に関する文言が登場するのは、万治二年（一六五九）からのことである。この年幕府はキリシタンの禁令三ヵ条を出している。その中で

一、百姓・町人は五人組・檀那寺がいよいよ相改め、不審なる宗旨これあるにおいては、穿鑿(せんさく)を遂ぐべきこと（『御触書寛保集成』）

と、百姓・町人がキリシタンであるかどうかを五人組と檀那寺にチェックさせている様子がうかがえる。

また寛文二年（一六六二）キリシタン禁令においても、

きりしたん宗門のこと、累年御制禁たりといえども、今もって断絶これなし、御蔵入給人方・寺社の輩、在々所々町中、五人組、または宗門の檀那寺などいよいよ入念に相改むべし（『御触書寛保集成』）

とあり、ここでは侍・町人・寺社人などに対しても、五人組と檀那寺がキリシタン改めを入念にすべく指示している。徐々にではあるが檀那寺の権限が強化されていることがわかる。

さらにキリシタン摘発の強化策をとるため、幕府は寛文四年十一月全国の大名に対して宗門奉行（寺社奉行）の設置を命じている。

きりしたん宗門穿鑿(せんさく)の儀、壱万石以上の面々は、このたび仰せ出さるる如く、役人を

定め、家中・領内毎年断絶なく、相改むべきこと

（『御触書寛保集成』）

とみえ、この時から全国の大名領に宗門奉行が置かれ、その最初の仕事が領内のキリシタン改めを徹底して行うことであった。つまり宗旨人別改帳の作成である。そしてこの作業は毎年行われるようになった。

仏教諸宗派はこのような政策に対応して、大名領ごとに触頭寺院（僧録）を置き、触頭寺院の支配下にその宗派の末寺を組み入れてキリシタン禁圧強化をはかる体制が作りあげた。このことでキリシタンの有無を判断することが末寺住職に委ねられたため、末寺と檀家を強く結びつける檀家制度が確立することになった。

以上のように幕法で決められた寺院住職の役割は、檀家からキリシタンが出ないことを常に監視することであった。

次に藩の宗門奉行の最初の仕事である宗旨（しゅうし）人別改帳の作成の様子について、小田原藩の例を紹介してみよう。

宗旨人別改帳の作成

小田原藩（九万五〇〇〇石）主稲葉正則はこの時幕府の老中であったが、寛文五年（一六六五）四月二十三日にはさっそく領内から宗旨人別改帳を提出させている。たとえば、「相州西郡西筋（相模国足柄上郡）千津嶋村吉利支丹改帳」（明治大学博物館所蔵）によると、「前書」に次のように記されている。

① 前年の寛文四年に出されたキリシタン禁制の法令を厳守すること、並びに従前から掲げられているキリシタン高札の密告についても徹底すること、

② 千津嶋村にはキリシタンは一人もいないこと、またキリシタンに疑わしき者もいないこと、

③ 村内の者は男女を問わず檀那寺の手形（寺請証文）をとり、その文面にはキリシタンでないことを保証していること、もし千津嶋村の者がキリシタンと訴えられた時は、檀那寺の住職・名主・組頭・五人組などがどこへでも出向き、申し開きすること、結婚・養子縁組・移住などで宗旨替えをしなければならない時は、改めて寺手形を取り直し、提出すること、また奉公人をはじめ千津嶋村に住む一五歳以上の者を今回は調査し、この帳面に載せたこと、いずれもキリシタンではないこと、記載内容は名前・年齢・本籍・生国などであること、当然のことながら本帳面とともに各人の寺請証文を添えて提

出すること、

④　我々の父母・兄弟・妻子・伯父・伯母の内にもキリシタンはいないこと、以前にキリシタンでその後転んだ者（キリシタンから仏教に改宗）がいれば、何年前のことであっても正直に申し上げ、隠すことは絶対にしないこと、

⑤　今後もキリシタンの疑いあるものが村内にいた場合はさっそく届け出ること、ならびに葬儀の時、寺に頼まず自分で死骸を取り置く場合もキリシタンと思われるので、届け出ること、

以上のようなことを届け出ず、脇から指摘されるようなことがあれば、いかなる処罰も受ける覚悟であること、などを述べている。

この宗旨人別改帳には千津嶋村の戸数六八軒、人数は二五三名が記載されている。しかし一四歳以下は含まれていないので、総人数は三〇〇名を超えると思われる。

なお延宝八年（一六八〇）「相州西郡西筋千津嶋村吉利支丹宗門改帳」によると、この年からは男女を問わず一歳以上の子供から全人口を書上げる形式にかわっている。この宗旨人別改帳はその後も毎年書き変えられることになり、このような形式で明治三年（一八七〇）まで続けられた。

この宗旨人別改帳の作成業務が寺の住職に任されることになったため、それぞれの菩提寺が檀家の家族構成や戸籍の移動などを確実に把握できるようになり、完全な檀家帳を作成することができた。つまりこの段階で檀家制度が確立したといえる。

次に時宗の本寺・末寺制度について検討してみたいと思う。

時宗の本寺・末寺制度

時宗遊行派の本末制度

時宗の本寺と末寺の制度がいつごろから形成されていったかをここでは検討したい。

時宗藤沢遊行末寺帳　本末制度を明らかにできるのは寺院本末帳であるが、大橋俊雄編『時宗末寺帳』（『時宗史料』二　時宗教学研究所）によると、

「時宗藤沢遊行末寺帳」寛永十年（一六三三）　国立公文書館内閣文庫所蔵
「遊行派末寺帳」享保六年（一七二一）　京都七条道場旧蔵
「各派別派下寺院帳」延享二年（一七四五）　会津弘長寺所蔵
「時宗十二派本末惣寺院名簿」宝暦年中（一七五一～六三）　兵庫県竹野興長寺所蔵

「各派本末書上帳」天明八年（一七八八）　水戸彰考館文庫

「八葉山蓮華寺末寺帳」年代不詳　滋賀県番場蓮華寺所蔵

などが書上げられているが、ここでは幕府側に残っている寛永十年『時宗藤沢遊行末寺帳』と、大橋氏は「各派本末書上帳」と記しているが、正式名称は天明八年『寺院本末帳　百七　時宗一』（一向派・四条派・当麻派・解意派・市屋派・霊山派・国阿派・王阿派）一冊、『寺院本末帳　百八　時宗二』（遊行派）一冊、の計三冊を中心に検討していきたい。

まず寛永十年『時宗藤沢遊行末寺帳』である。これは相模国藤沢清浄光寺が幕府に提出したものである。残念なことには時宗の中で遊行派のみの寺院本末帳である。しかしこの段階での他派の寺院本末帳は現存しない。

天明八年の『寺院本末帳』時宗一～二は時宗触頭江戸浅草日輪寺が幕府に提出したものである。これは時宗の各派（この段階では九派）の末寺を書上げており、時宗のそれぞれの派ごとの末寺の数を明らかにできる。

まず寛永十年『時宗藤沢遊行末寺帳』を紹介してみると、表2の通りである。この表には天明八年『寺院本末帳』時宗二（遊行派）の数字も併記してある。

まず『寛永本末帳』から検討してみよう。総寺院数は三九ヵ国で二七五ヵ寺である。時

表2　時宗本末帳に見る寺院の分布

	国名	県　　名	寛永本末帳(1633)	天明本末帳(1788)
1	陸奥	青森・岩手・宮城・福島	31	42(10)
2	出羽	秋田・山形	4	11(8)
3	常陸	茨城	44	61(10)
4	下野	栃木	25	44
5	上野	群馬	12	19(5)
6	上総	千葉	1	2
7	下総	千葉・茨城	11	19
8	武蔵	埼玉・東京・神奈川	18	31(10)
9	相模	神奈川	19	25(12)
10	甲斐	山梨	9	14(13)
11	信濃	長野	1	2
12	伊豆	静岡	3	8(1)
13	駿河	静岡	11	23(6)
14	遠江	静岡	14	22
15	三河	愛知	2	1
16	尾張	愛知	1	1
17	美濃	岐阜	1	7(29)
18	伊勢	三重		4
19	越後	新潟	10	26(4)
20	越中	富山		3
21	佐渡	新潟	2	9(6)
22	加賀	石川	1	1
23	越前	福井	10	37(24)
24	若狭	福井	1	4
25	近江	滋賀	4	12
26	山城	京都	9	9(27)
27	和泉	大阪	1	1
28	河内	大阪		1
29	播津	大阪・兵庫	2	5(7)
30	紀伊	和歌山	2	2

31	但馬	兵庫	2	6(9)
32	備後	廣島	4	24
33	安芸	廣島	1	
34	周防	山口	1	2
35	長門	山口	1	4(4)
36	伯耆	鳥取		2
37	因幡	鳥取		1
38	出雲	島根		3
39	石見	島根	1	
40	讃岐	香川		1
41	伊予	愛媛	1	3
42	豊前	福岡・大分		2
43	豊後	大分		1
44	筑前	福岡	2	5
45	肥後	熊本	1	2
46	日向	宮崎	5	27(15)
47	大隅	鹿児島	1	10
48	薩摩	鹿児島	6	24(17)
計			275	563(217)

注　「天明本末帳」の（　）は塔頭数をあらわす
参考文献　「寛永本末帳」は「時宗藤沢遊行末寺帳」国立公文書館内閣文庫所蔵
「天明本末帳」は「時宗本末帳」二　水戸彰考館文庫所蔵

宗遊行派寺院が最も多いのは常陸(ひたち)国四四ヵ寺で、ついで陸奥(むつ)国三一ヵ寺、下野(しもつけ)国二五ヵ寺、相模国一九ヵ寺、武蔵国一八ヵ寺の順である。ベスト五のうち四つまでが関東である。もう少し範囲を広げてみると関東地方の末寺総数は一三〇ヵ寺で、全体の約四七・三%を占めている。本山清浄光寺が相模国にあったため関東地方を中心に展開したと考えられる。さらにもう少し範囲を広げて、若狭国以北を東国、近江国以南を西国と線引きしてみると東国の末寺数が二三一ヵ寺で全体の八四%を占める。西国は一六%にすぎない。つまり遊行派は東国型の教団といえる。

天明本末帳

次に『天明本末帳』二（遊行派）をみてみると、総末寺数は四七ヵ国で、五六三ヵ寺、塔頭数は二一七ヵ寺を数えることができる。『寛永本末帳』と比較すると、末寺数では約二・一倍、塔頭数を加えると約二・八倍の寺数となる。この間約一五〇年であるが、増加率は著しいといえよう。もちろん『寛永本末帳』が本山清浄光寺の遠隔地について充分把握しておらず、寛永年間（一六二四〜四四）の寺数も不充分であったともいえるが、この末寺数の急増は注目すべきと思う。

次に『天明本末帳』二を表2で詳しくみてみよう。全体で末寺数が最も多いのは寛永期と同じく常陸国で六一ヵ寺、塔頭一〇ヵ寺、第二位は下野国四四ヵ寺、第三位陸奥国四二ヵ寺、塔頭一〇ヵ寺、第四位越前国三七ヵ寺、塔頭二四ヵ寺、第五位武蔵国三一ヵ寺、塔頭一〇ヵ寺、などである。また一国の末寺が二〇ヵ寺を超えるのは相模国・駿河国・遠江国・越後国・備後国・日向国・薩摩国などである。地域別にみると、最も末寺が多いのは関東地方で、二〇一ヵ寺、全体の三五・七%、さらに東国全体にひろげると四一六ヵ寺で、全体の七四%になっている。寛永期と百分率を比較すると関東地方で約一〇%、東国地方全体でも約一〇％減少している。つまり西国の末寺数の伸びが著しいといえるし、各地域に末寺が分散したことが窺える。そのことは寛永期には末寺分布が三九ヵ国であったものが、天明期には四七ヵ国に拡大していることからもわかる。

『天明本末帳』二の特色は（一）書きにしてある塔頭の急増である。つまり有力末寺が境内に多くの塔頭を抱えるようになってきたことである。これはすなわちその寺院の業務が増加したことでの対応であろう。塔頭の多い寺を次にもう少し詳しく説明してみよう。

塔頭の多い寺院

塔頭が最も多いのは金蓮寺（美濃国）の二九寺である。この寺は朱印三五石、除地（年貢免除地）三町余である。足利持氏遺児春王丸・安王丸を祀る寺として有名である。それにしても塔頭の多い寺である。第二位は浄光明寺（薩摩国）の一四寺である。境内は約一一万八〇〇〇坪、寺領五〇〇石である。曹洞宗の福昌寺とともに鹿児島藩主嶋津氏の菩提寺であった。明治初年の廃仏毀釈で廃寺となったが、その後復活した。しかし現在の境内地は往時の面影はない。第三位は歓喜光寺（京都六条）の一三寺である。朱印三八石、境内約一六八〇坪、六条派の本山であった寺である。この段階では藤沢清浄光寺の末寺に、すなわち遊行派に組み入れられている。この寺は現在山科に移転している。第四位は塔頭一〇寺の称念寺（越前国）と光台寺（日向国）

である。称念寺は寺領三八石、長崎道場という。新田義貞の墓所がある。光台寺は境内約七七〇〇坪で、寺領一〇石の寺であった。中世以来隆盛をきわめた寺であったが、明治初年の廃仏毀釈で廃寺となった。第六位は金光寺（京都七条）、朱印一九七石、境内約五四六〇坪、通称七条道場という。代々遊行上人が天皇から「他阿上人号」の勅許を得るため金光寺に長期滞在している。江戸時代には住職はまず三年間は藤沢上人、その後は遊行上人が兼帯していた。遊行上人が廻国しているときは院代がこの寺を管理していた。また金光寺は時宗末寺の住職が「上人号」の綸旨をもらう時の取次ぎ寺で、書類を作成して武家伝奏勧修寺家へ渡す役目を持っていた。現在でいえば代書人的役割を果たしていた。全国末寺の住職は綸旨が出るまでこの寺に滞在していた。ちなみに、塔頭を記すと、金玉院・宗哲院・大智院・正覚院・宝寿院・長泉院・称讃院・西光院・法浄院の九寺である。この中には時宗の修行僧の寮舎も含まれている。金光寺は現在廃寺。第七位は光林寺（陸奥国）の八寺である。寺領一一六石、境内除地、とある。盛岡藩主南部氏の保護を受けた寺である。第八位は塔頭七寺の清浄光寺（相模国）・一蓮寺（甲斐国）・西光寺（但馬国）である。

清浄光寺は時宗遊行派の本山である。朱印一〇〇石、全国末寺から僧侶が集まる修行道場である。また末寺のさまざまな問題を解決する場としてその業務をこなしていた。本山として藤沢上人を初めとする役僧が勤務する場であり、藤沢宿住民の葬祭の場として塔頭が機能していた。塔頭名は真浄院・栖徳院・真光院・長生院・善徳院・貞松院・海潮院と常念仏堂の光岳院である。

一蓮寺は朱印一八〇石、境内七万坪の大寺であった。享和元年（一八〇一）「時宗門法服幷法臈階級之次第」（『続々群書類従』一二　宗教部）によれば、

> 一、藤沢上人
>
> 右遊行上人諸国修行し候以後に、藤沢山（清浄光寺）え引籠もり候て藤沢上人と中し候、廻国遊行上人これなく、中方一藤沢上人遷化し候えば、甲州府中一蓮寺より藤沢山え入山し、清浄光寺住職し、藤沢上人に罷りなり候、これにより甲府一蓮寺儀は、本山補処の寺と相定め、一蓮寺入院の砌、熊野権現より神勅の遊行上人にただ一人の伝法を授け、相承し候、

とある。意訳すると、本来は遊行上人が全国を廻国し、藤沢清浄光寺に帰り着くと清浄光寺に定住して藤沢上人になる（現代の会社組織でいえば、遊行上人を社長とすれば藤沢上人は代表権を持った会長と考えればわかりやすい）。つまり遊行派は遊行上人と藤沢上人の二頭立

ての支配機構になっている。ところが遊行上人が旅先で死去し、一方で藤沢上人も同じころに死去すると、両上人とも空席になってしまう。これは指導者がいなくなることである。そのような時は甲府一蓮寺住職が清浄光寺住職（藤沢上人）に昇格することができる、としている。そのため一蓮寺は「本山補処」（本山住職を補充する）の寺という。そしてこの藤沢上人が宗内から教行の優れた僧侶を三人選び、清浄光寺の境内にある熊野権現（くまのごんげん）の神前で籤引きをして、そのうちの一人を遊行上人に任命する権限を持っている、としている。

時宗の中ではきわめて寺格の高い寺であった。

九日市西光寺は境内除地三石である。この地域では有力な寺院であった。以上塔頭を持っているベストテンの寺院を検討してみたが、いずれもそれぞれの地域の有力寺院であった。また遊行上人が廻国するとき長期滞在し、布教を展開する寺院でもあった。

このほか塔頭六寺持っている寺は一ヵ寺、五寺持っているのは三ヵ寺、四寺持っているのは一一ヵ寺、と続く。

時宗寺院のうち、とりわけ遊行派は江戸時代になり遊行上人の廻国順路が確定されると、主要な拠点寺院を中心に末寺が続々と創立されていき、廻国をその地域で支える寺として展開していった。また地方寺院の僧侶たちは廻国先で遊行上人のもとに一定期間参集し、それぞれ法臈（ほうろう）をとっている。このような相乗効果により、僧侶が競って修行を重ねるようになり、それらの僧侶の受け皿として末寺が急増したと思われる。

次に遊行派以外について検討を加えたい。

遊行派以外の時宗各派

時宗八派

天明八年（一七八八）『寺院本末帳　百七　時宗一』（水戸彰考館文庫所蔵）には、遊行派以外に一向派・四条派・当麻派・解意派・市屋派・霊山派・国阿派・王阿派の八派が記されている。江戸時代の初期時宗の窓口の触頭（ふれがしら）に遊行派の江戸浅草日輪寺が決められ、幕府寺社奉行の傘下に入り、時宗の政治的支配機構の頂点に立った。日輪寺が江戸にあったため寛永十年『寺院本末帳』作成の折遊行派のみが書上げられることになった。時宗の他派すなわち八派はいずれも本山が江戸から遠隔地にあったことで、この段階での『寺院本末帳』は提出されていない。

時宗のうち遊行派以外の八派の本末関係を表示したのが表3である。

天明八年の段階でみると遊行派は末寺数五六三ヵ寺、塔頭二一七寺、合計七八〇ヵ寺であるのに対して、八派は合計で末寺一六九ヵ寺、塔頭一四〇寺、合計三〇九ヵ寺となる。すなわち時宗寺院の総合計は一〇八九ヵ寺である。そこで百分率を出してみると、その勢力分野は遊行派七一・六%、八派は二八・四%となり、遊行派の勢力がきわめて強いことがわかる。

八派の実態

次に八派ごとの実態を検討してみる。

一向派は本山が近江国（滋賀県）坂田郡番場にある八葉山蓮華寺である。番場道場ともいわれた。境内山林は朱印地で、塔頭は二一寺である。本尊は阿弥陀如来。開山は一向俊聖、現在は浄土宗。末寺は本山の地元には少なく、出羽国（山形県）が最も多い。その中でも有力な末寺は出羽国天童にある宝樹山仏向寺である。本尊は阿弥陀如来。開山は義阿、この寺が支配した末寺は出羽国四五ヵ寺、下野国一ヵ寺である。仏向寺が一向派の末寺の半数を占めている。末寺分布範囲は出羽国でも置賜郡・村山郡である。天童派とも呼ばれている。蓮華寺末寺になったのは貞享三年（一六八六）である。現在は浄土宗。二番目の拠点は下野国、三番目は常陸国である。

四条派の本山は山城国（京都府）愛宕郡京極にある四条道場金陵山豊国院金蓮寺である。

表3　天明8年（1788）　時宗末寺帳にみる遊行派以外の寺院分布

派別		国名	末寺数	塔頭数
一向派	本山	近江	番場	蓮華寺
	末寺数	出羽	46	
		陸奥	1	
		下野	18	
		常陸	16	
		下総	5	
		尾張	3	
		近江	9	塔頭(21)
		小計	98	21
四条派	本山	山城	京都	金蓮寺(四条道場)
	末寺数	三河	1	
		尾張	5	塔頭(3)
		美濃	1	
		近江	10	塔頭(5)
		山城	2	塔頭(18)
		和泉	2	塔頭(2)
		攝津	5	
		小計	26	28
当麻派	本山	相模	当麻	無量光寺
	末寺数	陸奥	1	塔頭(6)
		出羽	8	
		下総	3	
		武蔵	5	
		相模	7	塔頭(12)
		小計	24	18
解意派	本山	常陸	海老ケ島	新善光寺
	末寺数	常陸	5	塔頭(2)

派		国		寺名	
市屋派	本山	山城	京都	金光寺	
	末寺数	山城	2		
霊山派	本山	山城	京都	正法寺	
	末寺数	越前	7	塔頭(23)	
		山城	4	塔頭(20)	
		攝津	1		
		小計	12	43	
国阿派	本山	山城	京都	雙林寺	
	末寺数	山城	1	塔頭(7)	
王阿派	本山	山城	京都	新善光寺(御影堂)	
	末寺数	山城	1	塔頭(21)	
総合計			169	140	309

参考文献　「時宗本末帳」二　水戸彰考館文庫所蔵

開山は浄阿真観、本尊は阿弥陀如来、朱印高二三石、末寺二六ヵ寺、塔頭一八寺。末寺が集中しているのは近江国である。その中での有力末寺は近江国伊賀郡木本村長祈山地蔵院浄信寺である。本尊は阿弥陀如来、朱印五〇石、末寺三ヵ寺、塔頭五寺。この寺の地蔵は眼病に利益がある仏として木本地蔵といわれ有名である。ついで尾張国と摂津国に分布している。尾張国愛知郡熱田神宮別当寺円福寺が有名である。山号は亀井山、本尊は阿弥陀如来、開山は厳阿、亀井道場と称する。末寺三ヵ寺、塔頭二寺である。

当麻派の本山は相模国（神奈川県）高座郡当麻村の当麻山金光院無量光寺である。

本尊は阿弥陀如来、開山は真教、当麻道場という。朱印三〇石、末寺二三ヵ寺、塔頭一八寺、有力末寺は陸奥国（福島県）会津郡若松大町当麻山東明寺であり、塔頭六寺。この寺は出羽国に末寺八ヵ寺を持っている。開山は一遍と伝える。二世は其阿恵鏡、寺領は四〇〇石、明治元年（一八六八）会津戦争の時の官軍の死者一五〇名の墓がある。

解意派の本山は常陸国（茨城県）真壁郡海老ケ嶋如体山広嶋院新善光寺、朱印七石四斗、末寺四ヵ寺、塔頭二寺。時宗ではこの寺の住職が紫衣勅許を得ている。

市屋派の本山は山城国愛宕郡京都五条下寺町市中山金光寺である。朱印二八石五斗、市屋道場という。開山は作阿、末寺一ヵ寺。

霊山派の本山は山城国愛宕郡霊山霊鷲山無量寿院正法寺である。開山は国阿、朱印二三石余、末寺一一ヵ寺、塔頭一四寺。末寺に安養寺（京都）・長楽寺（京都）・来迎寺（越前国）・薬仙寺（摂津国）などがある。

国阿派の本山は山城国愛宕郡京都東山無量寿院双林寺、朱印二四石、境内除地、本尊薬師如来、開山は国阿、塔頭七寺。現在は天台宗。

王阿派の本山は山城国愛宕郡京都五条新善光寺、御影堂派ともいう。境内除地、塔頭二一寺。

以上のように遊行派以外の時宗八派はいずれも末寺数が少ない。これらの八派も幕府との窓口は遊行派の浅草日輪寺であった。しかも八派の中では最大の勢力であった一向派は近代になり浄土宗に改宗した。

次に時宗の近世の遊行上人について紹介してみたい。

近世の遊行上人と僧侶

近世の歴代遊行上人

遊行上人(ゆぎょうしょうにん)とは一般的には時宗(じしゅう)の一遍(いっぺん)上人と同意義と考えられているが、実は時宗遊行派の歴代上人のことである。

近世の遊行上人

近世の遊行上人については表4の通りである。

近世の遊行上人は三二代普光から五八代尊澄までの二七名である。表の中で期間とあるのは遊行上人であった期間を指す。最も永くその地位にいたのは三三代満悟で二四年間、最も短いのは四五代尊遵の一年である。この二七名の上人在位期間は平均八・三年である。つまり八〜九年に一名ずつ遊行上人が誕生していたのである。ところで、三三代満悟は越後国の直江(なおえ)氏の一族といわれている。天正十七年(一五八九)越後国北条専称寺で三二代普光から遊行上人を相続している。当地の城主であった直江兼続の書判を持って廻国の旅に出掛けている。その証文は次の通りである。

遊行上人修行之間、伝馬・宿送等、無二異議一可被二相調一者也、仍如レ件

天正十七年九月十一日　　兼続判

所々領主中

（禰宜田修然・高野修『遊行・藤沢歴代上人史』松秀寺）

とある。なお、満悟は遊行廻国二四年となっているが、詳しい廻国の様子はわかっていない。しかし京都を中心に活躍していたことは知られている。慶長十七年（一六一二）周防国山口の時宗善福寺（現在廃寺）で死去、七〇歳であった。

遊行上人の在位期間が最も少なかったのは四五代尊遵である。彼は相模国戸塚（横浜市）の出身、元禄九年（一六九六）藤沢清浄光寺で遊行上人を相続、六月七日伝馬朱印を得、その後関東地方の下総国を中心に廻国、しかしわずか六ヵ月で藤沢上人信碩が死去したため、十二月五日には藤沢山清浄光寺に帰寺している。その後藤沢上人として一一年間清浄光寺ですごした。

死去地	藤沢上人	備考	師匠
相模藤沢清浄光寺	○		常陸太田浄光寺其阿
山口善福寺			29代体光
相模藤沢清浄光寺	○	伝馬朱印50疋もらう	33代満悟
甲府一蓮寺			30代有三
相模藤沢清浄光寺	○		甲府一蓮寺18代義道
相模藤沢清浄光寺	○		32代普光
出羽秋田声躰寺			34代燈外
相模藤沢清浄光寺	○		34代燈外
相模藤沢清浄光寺	○		39代慈光
出雲松江信楽寺			甲府一蓮寺20代
相模藤沢清浄光寺	○		佐渡大願寺19代一寮
京都七条金光寺			遊行37代託資
播磨神戸真光寺			遊行37代託資
相模藤沢清浄光寺	○		遊行37代託資
土佐高知称名寺			42代尊任
相模藤沢清浄光寺	○		40代樹短
江戸品川善福寺	○		40代樹短
相模藤沢清浄光寺	○		40代樹短
相模藤沢清浄光寺	○*	藤沢上人→遊行上人	42代尊任
相模藤沢清浄光寺	○		48代賦国
相模藤沢清浄光寺	○*	藤沢上人→遊行上人	本田教念寺玖玄
相模藤沢清浄光寺	○		51代賦存
相模藤沢清浄光寺	○		51代賦存のち53代尊如
但馬九日市西光寺	○	藤沢上人→遊行上人	山形光明寺快倫
越後高田称念寺	○	藤沢上人→遊行上人	田島教林寺悦岸
京都七条金光寺	○	藤沢上人→遊行上人	一道上人の弟子暢音
相模国府津蓮台寺	○	藤沢上人→遊行上人	56代傾心

表４　近世の遊行上人（32代〜58代）

遊行世代	上人名	在位年代	期間(年)	相　続　地	没年齢
32	普光	1584〜1589	6	日向都於郡光照寺	84
33	満悟	1589〜1612	24	越後北条専称寺	70
34	燈外	1613〜1627	15	江戸日輪寺	84
35	法爾	1627〜1640	14	相模藤沢清浄光寺	78
36	如短	1641〜1645	5	相模藤沢清浄光寺	69
37	託資	1645〜1647	3	相模藤沢清浄光寺	69
38	卜本	1647〜1653	7	相模藤沢清浄光寺	63
39	慈光	1653〜1659	7	相模藤沢清浄光寺	52
40	樹短	1660〜1664	5	相模藤沢清浄光寺	61
41	独朗	1664〜1667	4	相模藤沢清浄光寺	51
42	尊任	1668〜1683	16	相模藤沢清浄光寺	67
43	尊真	1685〜1691	7	相模藤沢清浄光寺	63
44	尊通	1692〜1695	4	相模藤沢清浄光寺	56
45	尊遵	1696〜1696	1	相模藤沢清浄光寺	70
46	尊証	1697〜1700	4	相模藤沢清浄光寺	57
47	唯称	1703〜1708	6	相模藤沢清浄光寺	63
48	賦国	1707〜1711	5	相模藤沢清浄光寺	56
49	一法	1712〜1721	10	相模藤沢清浄光寺	62
50	快存	1726〜1735	10	相模藤沢清浄光寺	82
51	賦存	1742〜1754	13	相模藤沢清浄光寺	75
52	一海	1757〜1761	5	相模藤沢清浄光寺	79
53	尊如	1769〜1776	8	相模藤沢清浄光寺	68
54	尊祐	1791〜1800	10	相模藤沢清浄光寺	73
55	一空	1812〜1815	4	相模藤沢清浄光寺	68
56	傾心	1824〜1835	12	相模藤沢清浄光寺	77
57	一念	1848〜1858	11	相模藤沢清浄光寺	79
58	尊澄	1862〜1870	9	相模藤沢清浄光寺	83

参考文献　禰宜田修然・高野修『遊行・藤沢歴代上人史』松秀寺

○印は遊行上人から藤沢上人になった人　＊印は再度藤沢上人になった人

次に相続地についてみてみる。最も多いのは時宗遊行派の本山である相模国藤沢宿にある清浄光寺である。三五代法爾(ほうに)以後すべて清浄光寺であることから察すると、遊行上人の相続儀式を本山清浄光寺で行うことがこのころから確立したと考えられる。

遊行上人と藤沢上人

実は中世の遊行上人は三二代の普光や三三代満悟のように遊行廻国先で相続する方式がみられる。これが教団の本末制度が確立した三五代法爾の段階から本山で行われるようになったと考えられる。

没年齢の項をみると、最高齢は三二代普光と三四代燈外の八四歳である。七五歳以上を拾ってみると九名で、全体の三分の一を占める。平均年齢は六八・九歳となり、当時の平均年齢に比べればかなり高齢といえよう。

死去地については、最も多いのは本山の清浄光寺であり、一五名を数える。全体の五六%、これに対して、遊行廻国先で死去した者は一二名で、四四%である。四季を問わず連日全国各地を廻国行脚し続けたため、かなりの上人が旅先で命を落としたことがわかる。

藤沢上人の項は、○が藤沢上人へ昇格した人である。遊行上人は全国の廻国を終了すると、本山清浄光寺に帰り藤沢上人に昇格するのである。空白の部分は廻国先で死去したため本山清浄光寺へ帰れなかった人である。このため藤沢上人にはなっていない。備考欄に藤沢上人↓遊行上人とあるのは○とは逆の昇格コースをとった人である。本来廻国先には遊行上人、本山清浄光寺には藤沢上人、の二頭立てで上人が存在するのであるが、藤沢上人が先に死去し、空席になると本山の業務が果たせなくなるので補処（ふしょ）の寺である甲斐国府中一蓮寺住職が本山に登り藤沢上人を勤めることになる。遊行上人の経験がない藤沢上人である。つまりいずれも藤沢上人から遊行上人になった一蓮寺の住職である。全体で六名である。しかしこの内五五代一空・五六代傾心・五七代一念・五八尊澄はいずれも廻国先で遊行上人として死去している。ところが＊印の五〇代快存は遊行廻国後ふたたび藤沢上人となり、九年間清浄光寺住職を勤めている。五二代一海はこれまた遊行廻国後藤沢に帰り藤沢上人を六年間勤めている。以上みてきたように本来の昇格コースは遊行上人↓藤沢上人であり、本山に入った後、藤沢上人が新しい遊行上人を選出する役になり、藤沢上人は生涯清浄光寺住職を勤めるのがルールであったようである。備考欄の六人は藤沢上人自らが自分を遊行上人に推薦し、遊行廻国をしているのである。さらに五〇代快存・五二代一海は遊行上人を選出する権利を二回持ったことになる。

上人の選出

次に遊行上人がどのようにして選出されたかについてみてみる。享和元年（一八〇一）十一月「時宗法服幷法臈階級次第」（『続々群書類従』宗教部十二）によると、

> 一、遊行上人
>
> 右は一宗末寺中行解相備わり候三人を撰出し、熊野権現の神前において、御鬮をとり神慮次第に右三階のうちより遊行法水相続し候、右の通り神慮次第の儀に御座候えば、いずれの寺より遊行相続し候と申す定御座なく候、大寺・小寺によらず、遊行上人に罷りなり候

とあり、遊行上人は時宗の全国の僧の中から修行と思慮分別が備わった僧侶を三人選び、その人物を藤沢の清浄光寺の境内にある熊野権現の神前においてこの三人で籤引きをして決定する、としている。このような方法を取れば客観的に人物判定ができるとしている。この方法により特定の寺や大寺のみから遊行上人が誕生するのを防げる、としている。つまり特定の人物の判断により決定することがない、と評価している。

しかし、江戸時代の遊行上人の表4をみてみると、遊行上人の弟子が新しい遊行上人として相続している例をかなり見出すことができる。江戸時代の遊行上人のうち先代の遊行

上人の弟子であった者が遊行上人総数二七名のうち一九名にのぼる。その中で弟子を複数の遊行上人にした上人を掲げてみると、三四代燈外の弟子が三八代卜本・三九代慈光の二人、三七代託資の弟子は四三代尊真・四四代尊通・四五代尊遵の三人、四〇代樹短の弟子が四七代唯称・四八代賦国・四九代一法の三人、四二代尊任の弟子が四六代尊証・五〇代快存の二人、五一代賦存の弟子が五三代尊如・五四代尊祐の二人、などである。以上のことからみるとむしろ時宗においては遊行上人の地位は師匠から弟子に譲る形態が根強く続いていたことが窺える。そのためこのような弊害を取り除くために、享和元年に時宗触頭日輪寺が「時宗法服幷法臈階級次第」を寺社奉行に提出して改めようとしたものであると考えるべきであろう。

次に時宗僧侶の階級についてみたいと思う。

時宗の僧侶階級

江戸時代時宗の僧侶が昇格する過程を僧階で説明してみる。史料は享和元年（一八〇二）時宗触頭江戸浅草日輪寺が幕府の寺社奉行に提出したものである。史料名は「時宗法服幷法臈階級之次第」（『続々群書類従』宗教部十二）である。

時宗の僧侶の昇格過程は大きくわけると六段階ある。

第一段階　掛錫である。掛塔ともいう。その意味は錫杖を掛けること、叢林に入門することをいう。いわゆる「出家」することである。

> 右剃髪する世寿は十五才以上、藤沢山・京都七条道場（金光寺）・遊行廻国先、右の三会の内、もよりをもって掛錫し、法臈相たて候、もっとも幼年より剃度（髪）いたし候ても、十五才未満にて掛錫せざる以前は新発意とも沙門とも相呼び申候

とあり、僧侶として仏門に入るのは一五歳以上、修行する場所は本山の清浄光寺でも、京都の金光寺でも、遊行上人の廻国先でもよいとしている。そこで修行して徐々に昇格していくことになる。一五歳以下で仏門に入る者もいるが、掛錫はあくまで一五歳以上なのでそれ以前は新発意とか沙門とか呼ばれ、一人前の僧としては扱われない、としている。

第二段階　茶執司である。掛錫してから五年目でこの位階となる。

> 掛錫より四夏相満ち候間を茶執司と申し候て、藤沢上人・遊行上人両上人の侍者として給仕致させ申し候、この間絹緞子紗等の衣着用せず、麻の直綴衣のみ着用し候、

とあり、掛錫より四年すぎると茶執司と呼ぶ。清浄光寺にいる藤沢上人か廻国先にいる遊行上人の側で給仕を務める役である。衣は麻の直綴衣を着用することとしている。

第三段階　十室である。掛錫から六年目のことである。

　五夏相満ち候後、この十室に入り申候、この階位にて、宗門の安心伝法など相承し、初めて緞子の衫付衣を着用し候、袈裟は純黒の五条・七条のみ着用し候、

と、六年目になったならばこの十室に昇格することになる。この段階で時宗の修行や教学を師匠から伝授されることになる。衣服も初めて緞子、すなわち布地が厚く光沢のある絹織物の袖の端のない衣を着用することができる。袈裟は黒色の五条・七条のみの着用が許される。十室の名称は望月華山『時宗年表』（角川書店）によれば次の通りである。

　渓室・岩室・純室・連室・伝室・行室・学室・了室・聞室・安室

（以後の名称について、出典は『時宗年表』による）

第四段階　五軒である。掛錫より九年目である。

　掛錫より八夏相満ち候わば、軒号を蒙り申候、宗門の伝法・宗戒・血脈残らず相承し、初めて和尚号をつけ、木蘭之色衣・袈裟着用し、在家の引導・焼香し候事を差し許し申候、

と、この段階で軒号を付与される。時宗の伝法・宗戒・血脈を相承し、初めて和尚と称することができる。木蘭の色衣・袈裟を着用することができ、在家（檀信徒）の引導や焼香、すなわち葬式・仏事に関与することができる、としている。五軒の名称は、慈照軒・臥龍

軒・文峰軒・萬生軒の四つである。

第五段階　二庵であり、掛錫から一三年目である。

> 二庵は掛錫より十二夏相満ち、この段階に相進み、庵号を蒙り、青色の袈裟着用し候、この法臈より綸旨・参内差し許し申し候、

と、二庵になると青色の袈裟を着用することができ、「上人号」の綸旨を寺社伝奏勧修寺家へ申請することができるし、また皇居へ参内して龍顔を拝することもできる。二庵とは、常住庵・等覚庵である。

第六段階　本寮である。掛錫から一八年目である。

> 十七年の法臈相満ち、十八年に宗門の書籍の内、何にても壱部講釈相済み、この階級にあい進み、惣じて一宗の法務、右本寮（四院これ有り）の官名の僧これを司り、本山貫首を補佐するところの能分の老僧と相唱え申候、これまで末寺幷所化昇進の次第に御座候、

と、一般的な僧侶の昇格の最終段階としている。ここでは時宗の書籍を一部講釈、さらには一宗の運営に携わり、遊行上人・藤沢上人を補佐する任務であること、また能化（指導者）の僧で、弟子を取ることができること、などをあげている。四院の名称は桂光院・洞

雲院・興徳院・東陽院である。

本寮にまでのぼりつめるには一五歳で掛錫をしてから一八年目、つまり三五歳になる。しかしこれはあくまで順調に昇格した場合である。

またここで問題となる法臘とは、出家してから研鑽を重ねた年数のことである。たとえば僧侶が寺の住職になる時には必ず履歴書を作成して本山に届けなければならないが、履歴書には世寿（実際の年齢）と法臘（出家年数）を記さなければならない。そこで僧侶は毎年宗門が計画する一定期間の修行道場への参加、一般的にいえば一年に一八〇日間の修行に参加が義務づけられ、それを一年の法臘と計算する。時宗の場合にはこの修行道場が清浄光寺・京都金光寺・遊行廻国先のいずれでもよいとしているので、全国に散在する末寺僧侶は遊行上人が廻国してきた時に積極的に参加して法臘をかさねている。それゆえ遊行上人の随伴僧は各地で増加し大人数になっていくことになる。

次に遊行上人の全国廻国コースについて記してみたい。

遊行上人廻国とそのコース

大僧正と遊行上人

遊行上人は相模国藤沢宿にある清浄光寺の遊行派の大僧正（だいそうじょう）のことである。しかし他宗派の大僧正はいずれも大本山に定住しており、民衆が仮に大本山を尋ねても直接に会うことはできない。末寺の僧侶とても同様である。ところが時宗の場合は特別で、大僧正みずからが民衆の方へ出向いてきて上人自ら民衆に直接御札や御守りを手渡すのである。このあたりが他宗派の大僧正とは決定的に異なっている。時宗遊行派では上人を押し立てて全国各地を布教して歩き、いずれの土地でも化（け）益（やく）・賦算（ふさん）（御札配り）を繰り返している。

遊行上人は本山清浄光寺で上人就任の儀式を行うと東海道を北上しまず江戸へ入り、時宗触頭浅草日輪寺に滞在し、将軍から伝馬朱印を受け取る。伝馬朱印とは遊行上人が全国を廻国する折、どこの地域でも「馬五〇匹・人足五〇名」を無料で徴発することができる権利を保証した朱印状である。これを手に入れると遊行上人は北関東から全国廻国布教の旅に出発するのである。上人が宿泊するのは主として時宗の末寺であるが、時宗の寺が存在しないところでは他宗派の寺院や旅籠（はたご）あるいは村役人の家に泊まることもある。他宗派の中でも特に多かったのは浄土宗寺院である。

上人の廻国コース

次に遊行上人の廻国コースを記してみよう。史料は橘俊道「遊行過去帳と御先使手扣（てびかえ）」（『遊行日鑑』第二巻）による。この史料には年月日と主な宿泊地・寺院名などが付されているが、ここでは年次ごとの地名のみ表示してみる。この時の遊行上人の名前は五一代賦存である。

寛保二年（一七四二）三月本山清浄光寺で遊行上人に就任し、五月一日藤沢を出発、この時には五〇名ほどの行列を組んで江戸へ向かい、五月二日には浅草日輪寺に入った。将軍からの伝馬朱印は五月二十一日に受け取っている。日輪寺に滞在し、まずは江戸布教から始め、約二ヵ月半にわたって滞在している。

七月二十五日に江戸を出発し、府中（東京都）～八王子～大蔵（埼玉県）～本田～譲原

（群馬県）～山名～安中～板鼻～浜川～秋妻～佐野（栃木県）涅槃寺（越年）

寛保三年　佐野～牧～小野寺～卒島～小山～結城（茨城県）～下妻～北条～谷田部～布施（千葉県）～本郷～佐倉～新井田～助崎～大竹～根本（茨城県）～江戸崎～掛馬～那珂(なか)湊(みなと)～住吉～羽黒～真壁～下館～真岡(もうか)（栃木県）～宇都宮～烏山～喜連川(きずれ)～黒羽～伊王野～白河（福島県）小峰寺（越年）

延享元年（一七四四）白河～須賀川～三春～磐城～相馬～桑折～福島～二本松～会津～米沢（山形県）～山形～白石（宮城県）～角田～亘理(わたり)～仙台～涌谷～登米(とよま)～一関（岩手県）～水沢～遠野～寺林～盛岡～八戸（青森県）～青森～弘前～久保田（秋田県）～庄内（山形県）～村上（新潟県）～梶村～加茂～三条～長岡～吉水～矢田～北条～妻有（十日町）～高田～富山（富山県）～高岡～金沢（石川県）玉泉寺（越年）

延享二年　金沢～大聖寺～丸岡（福井県）～福井～岩本～宮谷～府中～敦賀～小浜～田辺（＝舞鶴・京都府）～宮津～出石(いずし)（兵庫県）～豊岡～竹野～鳥取（鳥取県）～稲光～米子～四日市～松江（島根県）～尾道（広島県）～広島～益田（島根県）萬福寺（越年）

延享三年　益田～津和野～萩（山口県）～山口～下関～小倉（福岡県）～芦屋～博多～唐津（佐賀県）～佐賀～久留米（福岡県）～柳川～島原（長崎県）～高瀬（熊本県）～熊本

～八代～出水（鹿児島）～阿久根～隈城～伊集院～鹿児島浄光明寺（越年）

延享四年　鹿児島～都城（宮崎県）～志布志～福島～飫肥～佐土原～延岡～竹田（大分県）～臼杵～宇和島（愛媛県）～大洲～奥谷～西条～高知（高知県）～徳島（徳島県）～高松（香川県）～丸亀～鞆（広島県）～津山（岡山県）～岡山～赤穂（兵庫県）～龍野～姫路～明石～兵庫（神戸）真光寺（越年）

寛延元年（一七四八）兵庫～京都金光寺（京都府）～宝暦四年（一七五四）閏二月まで京都滞在

宝暦四年　京都～大坂（大阪府）～堺～龍田（奈良県）～伊賀上野（三重県）～関～津～神戸～四日市～桑名～熱田（愛知県）～鳴海～池鯉鮒～岡崎～藤川～新居（静岡県）～舞坂～浜松～見附～金谷～蒲原～沼津～箱根（神奈川県）～大磯～平塚～藤沢清浄光寺へ七月七日帰寺。

以上みたように賦存は実にこまかく廻国していることがわかる。現在の地名でいえば、山梨県・長野県・岐阜県・和歌山県の四県のみには賦存は足を踏み入れていない。しかしいずれも近くに遊行上人が訪れると、民衆の側で県域を越えて化益・賦算の場に参加している。他の遊行上人はこれらの地域を訪れている者もいる。今回の賦存は立ち寄らなかった。

ここに記した地名の寺には一ヵ寺に一週間から一〇日程度滞在しているし、「越年」とある寺はいずれも時宗の大寺であるが、これらの寺で年越しをしたことを示している。この寺では約二～三ヵ月滞在して、年末年始の時宗の重要な行事をこなしている。このようなコースでの遊行廻国は賦存のみではなく、歴代の遊行上人が行っている。

五一代賦存が藤沢を出発したのは寛保二年五月一日で、帰ってきたのが宝暦四年七月七日であるので、全行程は一二年二ヵ月の廻国であった。しかしこの期間のうち遊行上人が住職を兼務している京都金光寺に滞在していたのが約六年間あるので、実際に全国を廻国した期間は六年二ヵ月であった。京都に長期間滞在した理由は、先代の遊行上人である五一代快存が藤沢上人として元気であったので、なかなか清浄光寺に帰れなかったことによる。時宗遊行派の場合には遊行上人と藤沢上人の二頭立てであるので、藤沢上人が他界しなければ遊行上人は清浄光寺には帰れないという事情があった。快存が他界したのは宝暦三年十一月九日のことであった。快存の百ヵ日が過ぎたころから賦存が帰国する準備にとりかかったと思われる。

藤沢に帰れぬ事情

ところで、賦存が藤沢に帰れなかった事情については、実は事前ではあるが賦存自身が寛保二年（一七四二）五月二十三日下野国佐野涅槃寺の問い合わせに対して次のように答えている。『藤沢山日鑑』によれば、

> 当遊行（上人）の儀は、藤沢の隠居（藤沢上人）存生の内は、何年とも相限らず修行申され候、隠居遷化（死去）候得者、藤沢え隠居申され候て、後の遊行（上人）相続の儀は熊野の御鬮にて相定り候、

と、遊行上人は前藤沢上人が死去しないと何年経っても清浄光寺へ帰ることができないこと、藤沢上人が死去すると遊行上人は清浄光寺に帰り、次の藤沢上人になり、次の代の遊行上人を選出する、と返答している。またこのころすでに藤沢の熊野権現の神前で鬮引きをして遊行上人を決めている様子が窺える。

それにしても賦存の旅は、北は青森から南は鹿児島まで全国各地をくまなく廻国布教をしている様子が窺える。しかし賦存の場合北海道は訪れていない。ところが、北海道廻国をした遊行上人が近世には一人だけいるので、次に紹介してみたい。史料は『遊行・在京日鑑』である。

一念の廻国

北海道への遊行廻国は五七代一念の時である。下北半島の佐井より出港し、嘉永二年（一八四九）閏四月二十八日九つ半（午後一時）函館到着、宿寺である浄土宗称名寺へ入った。函館では「宿寺御領主（函館奉行カ）より御普請の由、なおまた門内へ番所幷御化益場立て、御逗留中御領主御賄」とみえている。函館では他の地域とは異なり「大施餓鬼」を連日行っている。施主名のみを記してみる。

沢辺村発心者智円・福島屋嘉七・大町金沢屋伊兵衛・大町中村屋兵右衛門・紀伊国屋藤七・蛯子七左衛門・白鳥新十郎・山田屋寿平・五十嵐三治郎・武田小八郎・念仏講中・世話人頭取・大町堺屋長治郎・塩屋喜三郎妻みさ・御田屋熊蔵・三ツ谷村某・シノリ村藤五右衛門などである。いずれも金三両ずつ上納している。他の地域に比べると納入金額が格段に多い。函館にはかなり有力な商人が多かったと思われる。函館での化益・賦算は合計一万六七〇〇人、と記している。この他加持祈禱、名号札の配布、日課念仏の授与、過去帳入り、宝物開帳など、さまざまな布教活動を行っている。九日間の函館布教は大成功であったといえよう。

五月七日には函館を出発している。百津村〜有川村〜当別村〜泉沢村〜尻内村〜福嶋村〜吉岡村を経て五月十一日松前城下浄土宗正行寺に到着した。この時の松前藩（一万石）

主は松前昌広であった。

松前城下では大施餓鬼供養（おおせがきくよう）をしばしば行っている。その施主の名前のみを掲げると、富永与兵衛・富永増右衛門・岩田金蔵・山田久右衛門・仙北屋仁右衛門・米屋勝三郎・柳原六右衛門など、ここでも一人三両以上献納している有力商人が多かった。このほか施餓鬼供養願のみの者は四三一名と記されている。

また日課念仏の授与、加持祈禱などもかなり行っている様子がわかる。「御逗留中も誠に群集致し結構の場所に御座候」とみえる。松前城下での化益・賦算は函館よりも多く合計二万七〇〇〇余名と記している。松前城下での布教も順調であったようである。松前城下には一五日間滞在した。

五月二十五日松前を出帆し、津軽半島の今別に向かった。船上で一泊し、二十六日には今別村浄土宗本覚寺に到着している。北海道滞在は二七日間であった。この時の一念に随行した者は僧侶二三名、俗人一五名の計三八名であったと記されている。

次に遊行上人と将軍や天皇とのつながりについて記してみる。

遊行上人と将軍や天皇とのつながり

江戸の遊行上人

江戸城への登城

遊行(ゆぎょう)第五四代尊祐上人一行が江戸浅草の時宗(じ)触頭日輪寺に到着したのは、寛政三年（一七九一）四月二十九日のことであった。日輪寺には警護のため江戸町奉行の役人たちが詰めていた。同日にさっそく使僧として修領軒を江戸町奉行と寺社奉行へ派遣し、上人到着の届けを提出している。

翌日の四月晦日には尊祐は老中・寺社奉行の役宅へ挨拶回りに出掛けている。この時の老中は鳥居丹波守忠孝・本多弾正少弼(だんじょうしょうひつ)忠籌(ただかず)・戸田采女正(うねめのしょう)氏教(うじのり)・松平越中守定信・松平伊豆守信明、寺社奉行は松平右京亮(うきょうのすけ)輝和(てるかず)・松平紀伊守信通・牧野備前守忠精(ただきよ)・板倉周防守勝政などである。

五月一日には触頭日輪寺が月番寺社奉行松平右京亮輝和の役宅を訪れ、尊祐が将軍に挨拶のため登城したいとの願書を提出している。

五月十四日修領軒が寺社奉行松平右京亮輝和の役宅を訪ねたところ、翌五月十五日六つ半時（午前七時）登城するようにとの書付を渡されている。

五月十五日遊行上人一行は浅草日輪寺を七つ半時（午前五時）に出発している。江戸城に到着したのは午前七時であった。江戸城に入ると、松の間西御縁に通され、目付桑原善兵衛から将軍への遊行上人継目御礼の作法を稽古させられている。その後白書院で将軍へ御礼の挨拶、午前一一時終了、そののち老中・若年寄・大坂城代堀田相模守正順・後藤縫殿助行朋の役宅を訪問、帰途約二〇〇〇人に化益・賦算を行っている。

五月十六日修領軒は寺社奉行へ「伝馬朱印」願を提出した。伝馬朱印とは遊行上人が全国を廻国布教する時どこででも伝馬五〇疋を無償で徴発できる権利である。藤沢清浄光寺に現存する史料でみると、慶長十八年（一六一三）三月十一日遊行三四代燈外上人に与えられたのが最初である。

伝馬朱印の授与

ところで、今回伝馬朱印が尊祐に与えられたのは五月二十六日のことであった。『遊行・在京日鑑』によれば「御老中御用番松平伊豆守信明様より今九つ時（午前十二時）までに罷り出るよう奉書来る」とあり、「尊躰（尊祐）四つ時（午前十時）御出輿」と浅草日輪寺を午前十時に出発している。日輪寺から約二時間かけて老中の役宅へ向かっていることがわかる。「伊豆守様において、とどこおりなく御朱印頂戴これあり」と記している。松平信明から渡された伝馬朱印は次のような文章である。

馬五拾疋従二江戸一於二諸国在々所々一可レ出レ之、是者遊行五十四代上人江被レ下之者也

寛政三年五月廿六日

諸国在々所々中

（藤沢清浄光寺文書）

と記されている。この伝馬朱印の威力は絶大で、大名といえどもこれを拒否することはできなかった。また当然のことながら宿場や町や村でも、受け入れざるをえなかった。伝馬は遊行上人や老僧たちの乗馬として活用されるが、それ以外では上人や随行する人々の荷馬としても利用された。ところで、農繁期や大名行列などと重なることもあったが、そのような場合でも将軍の朱印状は威力を発揮した。つまり遊行上人が全国を布教する場合の最大の武器ともなったし、その権威を遊行上人側はフルに活用したといってよいと思う。

実はこの伝馬朱印をもらうより前に尊祐は将軍に暇乞いの挨拶に向かっている。当初は伝馬朱印取得後すぐに北関東から廻国布教することを予定していたと思われる。一方将軍側の都合もあるので、暇乞いを受ける日が伝馬朱印状布下よりもはやまったとも考えられる。五月十八日修領軒が寺社奉行に出頭すると、「明十九日五半時（午前九時）御暇乞のため登城すべき旨、書付を以って仰せ渡される」としている。翌十九日は六つ半時（午前七時）浅草日輪寺を出発、江戸城到着後、小人目付花井半三郎・盛田安蔵、徒目付小川伊兵衛・益山勝蔵の案内で入城している。「御暇御礼、御時服を御拝領す、九つ時（午前一二時）滞りなく相済む」と、将軍に謁見し時服をもらっている。その後役人宅へ挨拶廻りに出掛けている。立ち寄ったのは松平内蔵頭、南部慶次郎利敬・井伊掃部頭直中・伊東右京亮裕鐘・稲葉能登守正輔・岸本能登守一久である。

六月二日には浅草日輪寺を午前八時出発、前田佐渡守斉敬・水戸殿（徳川治保）並びに少将（徳川治紀）・尾張殿（徳川宗睦）・御嫡宰相殿（徳川斉朝）・紀伊殿（徳川治宝）並びにご隠居中納言殿（徳川重倫）らへ挨拶、午後四時に帰宅した。

六月五日には午前八時出発、佐竹右京太夫義和・同じく貞明院殿・藤堂和泉守高嶷・伊那右近将監忠尊・堀田豊前守正穀・木村久左衛門・河野善十郎などに挨拶回りをして、午後四時に帰宅。

六月八日には午前八時出発、大久保山城守忠喜・神田明神・堀田相模守正順・松平遠江守忠告・市川甚右衛門・松平陸奥守斉村などへ挨拶回りをしている。それぞれの大名家では大名や妻子には武運長久・矢除・雷除・扇子・血脈などの札・守を与えているし、尊祐から十念・逆修法名を付与したり、さらに日課念仏の誓約などをしている。

ところで、遊行上人の江戸での大きな仕事としては将軍からの「伝馬朱印」の授与、「遊行上人継目」の許可状の下付、将軍への継目の挨拶、将軍から天皇への「他阿上人号」の推薦状、さらには暇乞いの挨拶などであり、この公式な行事は終了した。これからはいつでも北関東へ布教の旅に出掛ける条件が揃ったのである。ところが思いがけないことが起った。当面目指すべき北関東の末寺から、遊行上人廻国辞退願が続々と出されたのである。

北関東末寺よりの廻国拒否

寛政三年（一七九一）六月二十一日常陸国河内郡根本阿弥陀寺（茨城県稲敷郡新利根村）から檀家総代市右衛門が浅草日輪寺に尋ねてきて次のような嘆願書を提出した。

常州根本阿弥陀寺こと八か年以前、先住泰僧代焼失いたし、その後凶年相つづき今もって再建成就つかまつらず候につき、御移りは勿論、御渡日中も受けがたく、檀中総代伊兵衛・源右衛門・市右衛門の連印の願書をもって御免あい願う

（『遊行・在京日鑑』）

と、阿弥陀寺が八年前火災にあっていまだに再興できずにいること、そのうえ近年凶作が続いていることを理由に、阿弥陀寺への尊祐上人一行の宿泊は受け入れがたいこと、御渡日中つまり昼間のみの布教活動の場も提供できないことを述べている。尊祐の裁断は「よんどころなく、願の通り仰せ付けられる」であった。

八月五日常陸国久慈郡太田浄光寺より願書が提出された。

浄光寺こと、先年焼失以来四十三年本堂建立これなく候ところ、このたび寺檀丹誠つかまつり、ようやく素建つかまつり候えども、造作などつかまつり候手段もこれなく、寺檀甚だ困窮つかまつり、其の上今般当住職藤沢洞雲院に出役仰せ付けられ、かたがたもって御移り受け入れの儀難渋につき、御除きくだされたき旨

（『遊行・在京日鑑』）

とあり、浄光寺が四三年前火災にあい、やっと本堂が建立されたが、尊祐一行を受け入れる施設までは作れないこと、近年寺・檀家ともに困窮をきわめていること、さらに住職が

本山清浄光寺の役僧として出掛けていて不在のため対応できないことなどを理由に辞退したいといってきた。これに対する尊祐の裁断は「よんどころなく御聞済まし御免仰せ付けられ候」とこれも承諾している様子がわかる。

八月十九日、上野国甘楽（かんら）郡譲原村満福寺の檀家二人が、尊祐が滞在している白金松秀寺へ願書を届けた。それによると、

当月五日村方雨にて、水損場多く、これにより御移りに付き、ご越年御免願い

（『遊行・在京日鑑』）

とあり、満福寺は八月五日の大雨によって檀家の田畑が水につかり、不作が予想されるので、経済的にも尊祐の来寺をやめてほしいとの願書であった。しかし尊祐の側からすると「越年」つまりこの寺で年越しをするつもりであった。年末には時宗最大の行事である「別時念仏供養会（べつじねんぶつくようえ）」があり、正月には元旦からは時宗にとっては大事な行事が目白押しに続いているので、その拒否の申し出を簡単に受け入れることはできなかった。しかし翌日二十日にも満福寺の檀家二人が白金松秀寺にやってきた。尊祐に対して次のように申し入れた。

当年ご越年の儀、先達て御受け申し上げ候ところ、夏以来不作にて、村中困窮に付き、

御免あい願候

（『遊行・在京日鑑』）

ということである。越年の場所については一年ほど前にすでに了解をとっており、直前の変更は不可能である。それゆえ尊祐の答えは「御聞き済ましこれなし」、つまり予定通り越年するとのことである。檀家二人はむなしく帰路につくしかなかった。

八月二十二日、下総国結城郡結城阿弥陀寺檀家二人が白金松秀寺にやってきた。その主旨は、

先達御移り御免の願差出候ところ、あいかなわず候て、御受け申し上げ候ところ、又候当月六日大風雨にて荒川・利根川切込み、御移りの支度御湯殿など、そのほか諸材木などに至るまで、悉く相流し、村内檀中残らず水難にて（中略）御移り御免仰せ付けられ下されたく候にて、檀中連印の願書をもってあい願い候に付き

（『遊行・在京日鑑』）

と再度お移り御免（断り）の願書を出している様子がわかる。八月六日の大雨で荒川・利根川の川岸が切れ、新築の湯殿や材木などが流失したこと、一方で村の檀家も水害にあったことを理由にして檀家の連判状が同時に提出されている。これに対する尊祐の答は、

「よんどころなく御免仰せつけらる」と了解せざるをえなかった。

関東各地から八月初旬の大風雨の被害が続々報告され、廻国先からの問い合わせが多いので、白金松秀寺において尊祐を中心に役僧たちが相談を重ねた結果、次のような結論に落ち着いたようである。『遊行・在京日鑑』によれば、九月一日の条に、

前月五日・六日大風雨にて関東一統洪水にて、困窮の由あらあらあい聞き、殊に御修行先・御移り場所よりも難渋の旨、追って注進これあり、なお又日輪寺よりも内達などもこれあり候につき、衆評の上関東筋御修行御延引、直ちに当寺御越年、来春奥州筋御修行の思し召しにつき、日輪寺へ御問い合わせに洞雲院を遣わし候ところ、ご尤もの御儀、何分尊慮の通り致すべきとの挨拶ゆえ、今日御掛り松平右京亮様に罷り出で、右御届書差出候ところ、滝田匡殿請け取りおかれ明五日伺いに罷り出候ように申さる

と、記されている。八月五日～六日の大風雨で関東一円洪水にあって困窮の由あらまし聞き、また廻国先と予定している寺院からも受け入れ困難との連絡も入っているし、触頭日輪寺からも幕府の内達があったこのことも連絡してきたので、尊祐は役僧たちと相談を重ねた結果、今年は年末年始の行事・法要は江戸白金松秀寺でとり行うこととし、来年春に

はとりあえず北関東を除き、陸奥（東北地方）から布教することにした。さっそくこのことを触頭日輪寺に報告し、問い合わせたところ「異存なし」とのことであったので、寺社奉行松平右京亮輝和の役宅へ届けを出した。返答は明後日にするとのこと。

九月三日、修領軒が再度寺社奉行のところへ出頭したところ、寺社奉行の回答は「尊祐の意思通りでよい」ということであった。これで尊祐一行も江戸白金松秀寺で越年することができ、江戸での布教をさらに続けることになった。尊祐一行が江戸を出発したのは翌年の寛政四年（一七九二）二月五日のことであった。

次に江戸の水害の様子をみてみよう。

江戸の水害

先述のように北関東の時宗の末寺が遊行上人の廻国を拒否する動きが顕著であったが、当然のことながらその河川の下流である江戸においてもその被害は大きかったと思われる。そこでこの時期の江戸の水害をいくつかの史料で検証してみたい。江戸の様子が最も明らかにできる『武江年表（ぶこうねんぴょう）』をまずみてみよう。

八月六日大風雨、小田原あたりより江戸まで海辺高潮あがる、筠庭（いんてい）云ふ、八月六日大雨、夜に入りて大嵐、深川大水、回船三艘相川町の河岸に吹き上げらる。海辺橋落つる。洲崎あたり家流れ人死あり、行徳・船橋あたりまでも人多く死す、大川（隅田川）筋大水、新大橋の杭二本抜けたり、利根川筋堤切れて東葛西大水、この大嵐諸国同じ、日本橋・西河岸なども往来道に水あがる。同月二十日朝曇り昼より晴れ、暮より雲起こり海鳴り、それより大風雨、人皆いねず、明け七つ時（午前四時）より風雨止む、

と、八月六日には大風雨があったこと、海沿いでは小田原以東江戸湾に至るまで高潮が上がってきたこと、そのため深川・船橋あたりの被害が大きかったこと、また隅田川・利根川の水系も堤が切れ、洪水になり多くの水死者を出したこと、などが記されている。

『徳川実紀』の八月六日の条をみると、

きのふより雨降り出し、けふも止まず、風もまた吹きしが、つひに深川・洲崎・永代島のあたり悉く水災をかふぶりぬ、そのほか近在の辺地すべて皆同じ、小田原駅より江府（江戸）まで海辺高潮上がるとぞ、

と、『武江年表』の記事を引用して江戸の水害を記している。

尊祐の日記（『遊行・在京日鑑』）には、八月六日の条で「終日大雨、夜中にはわけても風当たり激し」とみえている。八月七日の条には「昨夜大風雨にて深川・芝・品川あたりの海辺大波打ち上げ、人家よほど打ち潰し、諸所水死もこれある由なり」と、白金松秀寺

に滞在していた尊祐にとっては付近の芝・品川あたりの水害の様子が情報として入ってきたことが窺える。八月八日の条には「今日千住川上、戸田堤切り込み、浅草・山谷あたり大水の由」とある。江戸湾並びにそこに注ぐ河川沿いの集落が数多く洪水にあっている様子がわかる。

九月六日「三河屋・山形屋・佐野屋より前月六日大嵐にて水死の亡霊菩提のため、施餓鬼願出で、日中引次ぎ相勤む」とある。九月二十六日の条には「三河屋六郎兵衛・佐野屋治兵衛・山形屋又右衛門先達て水死七霊追福のため百疋上る」と、水死者の施餓鬼供養料として銭一貫文を出している。

九月十一日の条によると、

> 先達て大風雨の節、水死致し候者五百人程これあり、右亡霊済度のため浮札遊ばされたく思し召し、深川海辺え御内使として東陽院・慈照軒を遣わさる、もっとも手札五百枚これは水死亡霊のため、御封札八枚これは八大竜王御結縁のため遣わされ遊ばされるなり、
>
> （『遊行・在京日鑑』）

と、先達て大風雨で水死した者は五〇〇人にのぼると思われること、尊祐はこれらの亡霊

を供養するため、海水にお札を浮かべたいこと、そのため深川の海辺に使僧として、役僧の東陽院と慈照軒を派遣し供養をさせること、手札五〇〇枚は水死者の霊のため、封札八枚は水を支配する八大竜王と結縁し、その怒りを鎮めるためという。

『武江年表』によると、「十二月九日回向院へ命ぜられ、永代寺（真言宗・富岡）においてて洲崎流死の者施餓鬼修行あり」、十二月十日「行徳徳願寺（浄土宗）にて、茨木村流死人施餓鬼あり、武州橘樹郡村方へ回向院相廻り、施餓鬼法事あり」とみえる。回向院が幕府の命令で水死者の施餓鬼をしていることがわかる。ちなみに回向院は東京都墨田区両国にある浄土宗の寺院で、明暦の大火で焼死・溺死した一〇万八〇〇〇人の霊を回向するため、明暦三年（一六五七）創建された寺である。

次に遊行上人が京都で皇居に参内した時の様子についてみてみよう。

遊行上人皇居へ参内

歴代の遊行上人は「遊行上人号」、すなわち他の宗派では大本山の大僧正位に相当する「他阿上人号」を天皇から下賜（かし）してもらうため、京都では必ず皇居に参内（さんだい）している。ここでは割合史料が残っている五一代賦存の場合を紹介してみる。

賦存の皇居参内

『遊行日鑑』延享五年（一七四八）五月八日の条、

今日勧修寺殿え参内のお願いに御出、吹挙状（すいきょじょう）指上（さしあげ）候、

とある。つまり将軍徳川家重の推薦状を寺社伝奏勧修寺家に差し出し、勧修寺家を通して天皇家へ「他阿上人号」を下賜してほしいと依頼しているわけである。吹挙状とは将軍の

推薦状のことである。

五月十八日には勧修寺中納言から使者が七条金光寺にいる賦存のもとへ派遣された。その記事をみると、

御口上の趣、いよいよ御堅固に御座候由、珍重に存じ候、然(しか)らば願い出られ候他阿上人号の勅許仰せいだされ候、且つ末山の面々上人号仰せつけられ候、御礼の参内日限の儀は追って申し入れるべく候、

（『遊行日鑑』）

と、かねて願い出ていた「他阿上人号」が勅許されたこと、また末寺僧侶から申し出があった「上人号」についても勅許があったことが記されている。

末寺住職の上人号

ここで末寺住職の「上人号」について若干説明する。末寺僧侶の位階である「上人号」については享和元年（一八〇一）十一月「時宗法服并法臈(ほうろう)階級次第」（『続々群書類従(ぞくぞくぐんしょるいじゅう)』宗教部十二）によると、

香衣(こうえ)または紫衣(しえ)と申し候、これは諸宗通服にて、仕立て方も同様に御座候、染色紫緋の二色を除き、その他何色にても着用し候、この香衣の義は綸旨(りんじ)頂戴し、上人号勅許蒙り候上にて、着用し候、

とあり、天皇からの勅許で「上人号」が下賜されれば、色衣を着用できる位階である、としている。つまりこれまでの「薄墨衣」から色のついた衣を着ることができる権利といいなおしてもいい。衣の色は紫衣・緋衣以外ならばどのような色を使用してもよい、としている。

また袈裟についても「参内して綸旨頂戴し候以後は惣金襴または飛金切交等の差別これあり、着用し候」とし、これまでとは格段に違う色地の袈裟を着用することを許している。

この香衣の資格、つまり「上人号」を取得するにあたっては、手続きとしてまず遊行上人（他宗でいえば本山の大僧正）の推薦状を取らねばならない。その推薦状をもらって初めて、武家伝奏勧修寺へ参上し、勧修寺家で天皇の綸旨を受け取る、という方式である。その後さらに参内して天皇の龍顔を拝する、という過程になっている。これは他宗についても同様である。

たとえば曹洞宗の場合は時宗でいう「上人号」つまり香衣は、「転衣」と称している。時宗と同様寺社伝奏勧修寺家で綸旨を受け取っている。江戸時代初期から幕末までに曹洞宗の二つの本山すなわち永平寺と総持寺ではそれぞれ末寺僧侶約五万人に推薦状を出しているので、曹洞宗全体で約一〇万人に及ぶ。曹洞宗の総寺院数は約一万七〇〇〇ヵ寺であるので、寺数で転衣数（上人号）を割ると、寺院数の約五・八八倍となる。時宗の場合は末寺数が一〇六一ヵ寺なので、曹洞宗の場合を単純に当てはめると江戸時代の時宗の僧侶で「上人号」の綸旨をとったと思われるのは六二三九名に及ぶことになる。ここで述べているのは二宗派にすぎないが、仏教全宗派とすると膨大な数字になると思われる。これが天皇家や寺社伝奏家（公家）、さらには門跡寺院(もんぜきじいん)の大きな収入源であったことが注目できる。

さてまたもとに戻ってみよう。

勧修寺家へのお礼

また勧修寺家からはお礼の参内の日時については改めて指示する旨連絡があった。五月二十日の記事には、

今暮六つ時後、勧修寺様より御使者三宅采女(うねめ)殿をもって、御礼参内の日限仰せくださされ候、　（『遊行日鑑』）

と、寺社伝奏勧修寺家の使者として三宅采女が派遣され、参内の日程が決まったとの連絡があった。五月二十二日の記事によると、

五つ半時、勅許御礼御請など申し上ぐべきのため、勧修寺様へ御出駕、お供廻の伴僧十人のうち四人は色衣にて、侍者修領軒御供、参内願の寺方十五か寺いずれも歩行に

てお先に参り控え申す、御綸旨八か寺今朝伝奏まで罷り出で、昨日御綸旨なしくださ
れ、御礼に上がる、もっとも金百疋ずつたてまつる、雑掌へは進物これなし、

（『遊行日鑑』）

この日賦存は勧修寺家へ出向き、勅許手配のお礼と、「勅許を謹んでお請けする」ことを述べている。この時お供の僧は一〇名であった。そのうちの四名は格式の高い色衣の僧であった。そのほか賦存と一緒に皇居へ参内する希望を持っていた一五名の僧もいたことがわかる。なお一五名については「御供の末寺中残らず一五か寺へも院参御免許仰せ出され候、近代未曾有の御事どもなり」、つまりお供の僧一五名も参内を許されたことを喜んでいる。

ところで先述の史料に八ヵ寺に「綸旨」が与えられたことが記されているが、「綸旨」とは天皇から与えられた書の意味である。この場合は天皇から時宗の僧侶に「上人号」を与えられたことを指している。この時上人号をもらったのは、福寿寺（茨城県）・光林寺（群馬県）・西方寺（福井県）・蓮光寺（新潟県）・新善光寺（福井県）・泰徳寺（静岡県）・来迎（らいこう）寺（茨城県）・常楽寺（宮城県）の八ヵ寺の住職である。上人号も売官制であるので、それぞれの寺は勧修寺家へ金一〇〇疋（銭一貫文）ずつ納入している。

五月二十五日は賦存が参内する前日である。

> 明廿六日御参内遊ばされるにつき、今晨朝切にて勤行これなし、衆分中御院代打寄り仕度の事、本堂にて御道具・駕籠・長持など積みあつらえ候なり、書院にて献上の品・束本目録の台、尊躰の御輿、諸道具相調え、夫々(それぞれ)に帳面、付け札など相あつらえ申し候事、
>
> （『遊行日鑑』）

明日参内するため、持参する献上物や荷物について詳しく調べている様子が窺える。いずれも貴重品であるので、さらに不寝番として四名を本堂に詰めさせ、夜回りの者二名を配置し、境内には夜通し提灯をつけて警戒にあたらせている。

参内当日

五月二十六日、いよいよ皇居へ参内する日である。京都の口入れ屋に手配したお供の侍・人足(にんそく)の先導で七条金光寺を辰の刻（午前八時）に出発した。その行列の人数は一六四名に及んだ。まさに大名行列である。四つ時（午前一〇時）勧修寺家に到着、上人はじめ参加した僧侶には勧修寺家から赤飯・雑煮餅・素麺(そうめん)・お茶が振舞われ、その後勧修寺家から参内の時の作法が説明され、それより勧修寺家の案内で皇居へ入った。小御所(こごしょ)の間にて龍顔（桃園(ももぞの)天皇）を拝し、それより仙洞御所へ移動し、天顔（桜

町上皇）を拝している。ここでは殿中で弁当が用意され、その後については、

> 大宮様え御出候、摂政様え御出、武家伝奏久我大納言様え御出、同柳原中納言様え御出、それより勧家（勧修寺家）えお入り（中略）御参内御末寺十五か寺より拾帖（椙原紙）・金三百疋（銭三貫文）・御菓子料金子百疋（銭一貫文）ずつたてまつるなり、右壱か寺につき金一両ずつなり、
>
> （『遊行日鑑』）

とあり、大宮御所・摂政家・武家伝奏などを巡回してお礼参りを続け、最後に勧修寺家に到着している。その後帰途では京都四条寺町誓願寺に立ち寄り本尊に礼拝し、七つ時（一六時）に七条金光寺に辿り着いている。この時賦存の供として参内した末寺一五ヵ寺は次の寺々である。

日輪寺（時宗触頭江戸）・教興寺（静岡県）・専称寺（栃木県）・光林寺（岩手県）・歓喜光寺（京都）・遍照寺（茨城県）・省光寺（静岡県）・青蓮寺（群馬県）・西念寺（山梨県）・現声寺（栃木県）・称名寺（愛知県）・不退寺（栃木県）・神向寺（茨城県）・迎称寺（京都）・常永寺（茨城県）などである。これらの寺も参内僧として色衣を着用する資格を持つことになった。

次に賦存が天皇をはじめ諸家に献上した品々を「御参内当日官物献上之覚」（『遊行日鑑』）にみると、

献上の品々

禁裏様（桃園天皇）　椙原拾帖・緞子一巻・銀子五枚
上臈御局様　金子百疋（銭一貫文）
長橋御局様　右同断
大御乳人様　右同断
周防殿　鳥目五十疋（銭五百文）
御下取次　鳥目三十疋（銭三百文）
御取次中　銀子二両
奏者所　鳥目三十疋
　以上目録相認相添
仙洞様（桜町上皇）　椙原拾帖・緞子一巻・銀子三枚
御女中御両人　金子百疋ずつ
御下取次　鳥目三十疋
大宮様（皇太后・藤原舎子）

椙原拾帖・緞子一巻・銀子二枚
御女中御両人　金子百疋ずつ
御下取次　鳥目三十疋
勧修寺様　椙原拾帖・緞子一巻・銀子五枚
両御雑掌　銀子一枚ずつ
御家来衆　鳥目五貫文
摂政様　椙原拾帖・末広一本
武家伝奏久我大納言様　椙原拾帖・末広一本
武家伝奏柳原中納言様　椙原拾帖・末広一本
職事　銀子二枚
御申次　金子二百疋
内侍所　金子二百疋

などである。賦存としては大変な出費であった。

一方参内した一五ヵ寺の末寺についても、届け先は同じで、同様に金品を渡しているが、金額の負担は一ヵ寺あたり金一両ずつであった。

る。

賦存は参内の五月二十六日の日付で一五ヵ寺の末寺に対して次のような添翰を渡してい

このたびその寺上京せしめ、既に参内をとげ、天顔を拝し奉られ、同日院に参り龍顔を拝し奉られるの条、抜群の大幸是にすぐべからず候、いよいよ帰命の安心、を守らるべき事　あなかしこ

延享五戊辰年五月廿六日

遊行上人五一世他阿上人

寺　上人

（『遊行日鑑』）

そしてさらに賦存から末寺一五ヵ寺に対して祝儀金銭二貫文ずつ渡している。またこの時綸旨をもらった八ヵ寺に対しても銭一貫文ずつ祝儀金を渡している。

参内の祝宴

六月一日には賦存参内の祝儀の宴が七条金光寺で盛大に開催された。京都門中・田舎門中の寺、さらには参内に随伴した一五ヵ寺と綸旨をもらった八ヵ寺も招待されている。

またこの時には七条金光寺の有力檀家や出入りしている業者たちも招待された。いずれも賦存の振る舞いであったと記録されている。

ちなみにこの時招待された有力檀家や出入り業者は次の通りである。

尾張屋治郎左衛門・茂兵衛・松葉屋伊兵衛・伏見屋藤兵衛・亀屋出羽・大工宇兵衛・檜波屋六郎兵衛・河内屋甚兵衛・天満屋左兵衛・大坂屋庄左衛門・升屋甚左衛門・大和屋嘉兵衛・扇子屋金十郎・油屋□治郎・八百屋仁兵衛・升屋忠兵衛・八幡屋新兵衛・大津屋清兵衛・近江屋藤兵衛・丹波屋仁兵衛・田中市兵衛・今井新兵衛などである。七条金光寺の院代をはじめ大衆に至るまで、全員祝宴に参加している。

たとえば歴代上人が参内した年月日を『遊行・在京日鑑』で拾ってみると、寛政八年（一七九六）四月三日の条に

例書

遊行五十代快存上人享保十四酉年（一七二九）八月二十六日参内、九月十四日より一七日誓願寺参籠、

遊行五十一代賦存上人寛延元辰年（一七四八）五月二十六日参内、六月十九日より誓願寺参籠、

遊行五十二代一海上人宝暦十辰年（一七六〇）十一月二十九日参内、十二月十四日より一七日誓願寺参籠（注　『遊行日鑑』第三巻によると参内は八月十六日に行っている）

遊行五三代尊如上人安永四未年（一七七五）四月七日参内、同月二十一日より一七日
誓願寺参籠、
右の通りに御座候、以上
四月三日　　　　金光寺役者金玉院

とある。五〇〜五三代の遊行上人が月日は一定ではないがそれぞれ参内している様子がわかる。その後必ず京都寺町にある浄土宗誓願寺に七日間参籠している。

歴代上人の参内の様子

一法の参内　次に歴代遊行上人の皇居参内の様子をみてみると、第四九代一法の時は『遊行日鑑』によれば、享保元年（一七一六）八月八日の条に

御参内のお願いの日限聞名寺（もんみようじ）え申し来たられ候こと、

と、京都の時宗聞名寺が参内の日時を連絡してきた様子が書かれている。同月一〇日には、

御請いれのため、勧修寺様え五つ（午前八時）御出、四つ（午前一〇時）お帰り、お供案内衆中も御同道、修領軒ばかり駕籠（かご）にて、勧修寺様え銀二枚、雑掌え二百疋ずつ進ぜられ候、

とある。勅許参内の請け入れのため一法が直接勧修寺家に赴いている。その時には一法と

修領軒だけが駕籠に乗っている。この時の挨拶料として、銀二枚、雑掌（寺役人）達にそれぞれ銭二貫文ずつ届けている。

八月二十日の条には、

勅許の御使者勧修寺殿より三宅采女をもって、上之刻に仰せくだされ候御事、御前御居間にて、御使者にお会い遊ばされ、御座御下り厳重のご挨拶、御容赦にて御使者え御馳走、両役者罷り出で御馳走申し上げ候事、

（『遊行日鑑』）

と、参内勅許のことを知らせに勧修寺家の雑掌三宅采女が七条金光寺へ一法を尋ねている。これに対して一法は丁寧な挨拶をし、二人の役僧とともに馳走の接待をした。

八月二十一日の条には、

勅許の御礼に勧修寺殿へお越し遊ばされ候、お供参内に御末寺衆お供にて上る、

（『遊行日鑑』）

とあり、一法は勧修寺家へ勅許のお礼に行っている。この史料の後半に「お供参内」とあるので、あるいはこの時皇居に参内した、とも考えられる。

九月一日の条に、

京門中・弟子衆分・参内の末寺方・大衆・金光寺衆分・中村右近・御出入りの町人、右の衆中えご祝儀の御料理下され候、

（『遊行日鑑』）

とあり、この日参内の祝宴が行われているので、一法も皇居に参内した、と考えられる。以上みたように、一法が参内した享保年間（一七一六～三六）の段階においては後にみるように参内のために大行列を組んで賑々しく京の町を練り歩く、といった状況ではなかったようである。

快存の場合

第五〇代快存は享保十四年（一七二九）八月二十六日に参内している。実はこの二日前の二十四日に勧修寺家から使者河野中務が派遣され、二十六日に快存に参内するように連絡があった。その折はお供の僧として一三ヵ寺の末寺参内をゆるしている。二十五日参内が許された末寺一三ヵ寺は勧修寺家にお礼に参上した。またこの同じ日に綸旨「上人号」を受けた円福寺（愛知県）・応声寺（群馬県）・蓮華寺（栃木県）は勅許のお礼に長橋局を訪ねている。

いよいよ二十六日は皇居への参内である。七条金光寺を卯の刻（午前六時）快存以下一三名の末寺僧侶をはじめとする行列が出発した。帰寺は八つ時（午後二時）であった。翌

二十七日快存以下一三ヵ寺の末寺僧と修領軒が参内のお礼のため勧修寺家へ赴き、帰寺は九つ時（正午）であった。二十八日には七条金光寺へ参内末寺僧をはじめ京門中・末寺・弟子たちを招き、祝宴を開いている。

一海の場合

五二代一海の場合は宝暦十年（一七六〇）八月五日郡山を出発し、この夜は伏見で一泊、翌六日京都七条金光寺に到着している。到着後すぐに修領軒は金光寺塔頭金玉院の案内で京都所司代井上河内守利容と勧修寺家に出向き、到着の報告をし、勧修寺家には一海の「他阿上人号」の勅許と参内を依頼したものと思われる。

八月十四日勧修寺家は一海に対して「歴代上人は上京の折には毎回参内しているかどうか、もし参内しているとすれば一海上人の世寿などを提出するように」と命じている。一海の代理で京都聞名寺が勧修寺家へ提出したのが次の史料である。

覚

遊行五二世他阿一海、世寿七十三歳

右この度他阿上人号幷（ならびに）参内願上候、

一、享保十四年（一七二九）八月二十四日勅許、同月二十六日遊行五十代快存他阿上人の供として参内し候、その節常陸国水戸神応寺（じんのうじ）弁黙其阿上人に御座候、その後寛

延元辰年（一七四八）甲斐国府中一蓮寺へ移転、この度上京□□、遊行相続の節一海と改名仕り候、已上（いじょう）

辰八月十六日

聞名寺

（『遊行日鑑』）

とあり、聞名寺が歓修寺雑掌（ざつしょう）に手渡している。内容は、まず今回は何卒「他阿上人号」の勅許と皇居参内について実現するようお願いしたいこと、次に歴代遊行上人は勅許・参内しており、先々代五〇代快存の場合は享保十四年に勅許を受けて参内していること、その時私（一海）は水戸城下の神応寺で弁默という僧名で住職をしていたこと、その折り五一代快存のお供で皇居に参内し、「上人号」をいただいたこと、私はその後寛延元年に甲府一蓮寺住職となり、この度遊行上人を相続し、一海と改名したことなどを書上げている。

なお四月十四日には勧修寺家は今回一海と一緒に参内する善福寺（東京都）・神応寺（茨城県）・西福寺（福井県）・善光寺（島根県）・青蓮寺（群馬県）・光明寺（愛知県）・歓喜光寺（京都）・善照寺（千葉県）・金台寺（長野県）の九ヵ寺で、参内の吹挙状（推薦状）を手渡している。また「上人号」の綸旨を申請していた万福寺（鳥取県）・金福寺（茨城県）へも吹挙状を渡している。以上の一一ヵ寺に対しては、一ヵ寺あたり金三歩ずつ勧修寺家へ吹挙状代として納入するよう命じている。合計すると勧修寺家への支払額は金八両一歩である。

また七条金光寺の番方はこの一一ヵ寺に対して一ヵ寺当たり金一〇〇疋ずつ提出を命じている。合計すると銭一一貫文となる。これは手数料である。

四月十六日はいよいよ参内の日である。出発は午前一〇時、勧修寺家へは正午に到着、案内役は京都聞名寺であった。一海から勧修寺家への進物は銀二枚、雑掌二名に銭四貫文、末寺一一ヵ寺は勧修寺家へ一ヵ寺当たり銭一貫文ずつ、雑掌二名にも銭一貫文ずつ、以上合計すると勧修寺家の収入は銀二枚・銭一一貫文、雑掌は二名分で二六貫文の収入である。一海をはじめ末寺住職たちの負担額もかなりのものであった。

尊如の場合

五三代尊如の場合は、安永四年（一七七五）四月七日参内している。この時は参内の行列が二八一名にのぼり、大行列であったことが記されている。供に参内した末寺は法国寺（京都）・専念寺（山口県）・新善光寺（栃木県）・新善光寺（福井県）・大願寺（新潟県）・光台寺（群馬県）・来迎寺（群馬県）・阿弥陀寺（埼玉県）・一乗寺（埼玉県）・郷照寺（香川県）・涅槃寺（栃木県）・興長寺（兵庫県）・歓喜光寺（京都）などである。この時尊如から御所・仙洞御所・武家伝奏家などへの献上金品が詳細に記されている。また参内末寺の一ヵ寺ごとの献上金品、綸旨を付与された末寺一ヵ寺ごとの金品なども詳しく記されている。

尊如の参内の様子については『遊行・在京日鑑』には、安永四年四月七日の条に、四つ時（午前十時）勧修寺えお着き遊ばされ候、赤飯・饂飩・蒸菓子・御茶・火鉢・煙草盆まで、もっとも御丁寧の御取り扱い、大衆・侍まで赤飯くださる、雑掌より案内これあり、各寺大衣着用、右中弁様（勧修寺）ご対面、御綸旨下され中候、その後勧家（勧修寺家）御昇殿御案内次第、各上殿・公家御門の前にて下輿、木沓にて御参内、尊躰御装束襲法衣五条、御礼袋紐付申すなり、御団扇御所持なり、松の間（梨の間カ）東北の隅に御控、御末山は北面の方に控えられ、暫時して勧家ご案内にて、早速内見を御指南、もっとも御供参内御末山同断、それより松の間え御帰、暫くありて九つ半時（午後一時）勧家ご案内にて小御所において龍顔を拝せらる、（下略）

と、まず寺社伝奏勧修寺家で食事の接待を受け、勧修寺家で綸旨（他阿上人号）を受け取り、その後勧修寺の案内で皇居へ昇殿し、松の間に控え、そこで宮中での作法の指南を受けている。午後一時ごろ勧修寺の案内で小御所において天皇の龍顔を拝した。

その後各家々にお礼参りをしている。主なところは仙洞御所・女院・新女院・大納言・女御・関白・寺社伝奏家広橋大納言・同油小路大納言などで、末寺をつれて廻っている。

翌日の四月八日には一海はまず勧修寺家に昨日の参内のお礼に参上している。その後で昨日同様他の宮家や公家にお礼参りをしている。

このように本山住職をはじめ末寺住職にいたるまで寺社伝奏家を通じて官位（僧階）が授けられるようになったのはいつごろからか検討してみたい。

『読史備要』によると、寺社伝奏勧修寺家が担当した主な宗派と寺名をあげてみると、臨済宗南禅寺（京都）・金地院（京都）・大徳寺（京都）・鹿苑院（京都）・慶光院（三重）、律宗西大寺（奈良）・泉涌寺（京都）、曹洞宗永平寺（福井）・総持寺（石川）、浄土宗誓願寺（京都）・善光寺（長野）、時宗清浄光寺（神奈川）・金蓮寺（京都）・新善光寺（茨城）、法相宗清水寺（京都）、一向宗東本願寺（京都）・西本願寺（京都）・興正寺（京都）・仏光寺（京都）・専修寺（三重）・誠照寺（福井）などである。

いつごろから勧修寺家を通して天皇家から僧侶に「上人号」「大僧正」「禅師」などをはじめとする僧官が付与されるようになったかははっきりしない。しかし早い宗派では中世後期に付与された例がみられる。制度的にいえば元和元年（一六一五）「禁中並公家諸法度」の制定以後のことと思われるが、一般的に言えば寛永四年（一六二七）紫衣勅許事件以降のことであろう。

次に皇居に参内した後京都では必ず参詣する誓願寺について記してみる。

京都誓願寺への参籠

歴代遊行上人は皇居への参内が終わると、その後必ず誓願寺で一週間参籠（さんろう）している。

誓願寺

誓願寺は京都中京区にある浄土宗西山深草派の総本山である。山号は深草山、本尊は阿弥陀如来、開山は三論宗（さんろんしゅう）恵隠、開創は天智天皇四年（六六五）と伝え、この当時は奈良にあったという。その後京都に移転、蔵俊が住職の時法然（ほうねん）に帰依（きえ）し浄土宗に改宗、天正十九年（一五九一）現在地に移った。元和五年（一六一九）紫衣勅許寺院となる。江戸時代の寺領は一七石、末寺は約二七〇ヵ寺。

遊行四九代一法が誓願寺に参籠したのは享保元年（一七一六）九月六日〜十二日のこと

である。九月六日、七条金光寺を八つ時（午後二時）出発、誓願寺の塔頭の竹林坊に入っている。一法は参籠中の最終日に誓願寺近くにある和泉式部の墓に参詣している。

参籠中七日間の誓願寺での収入を二通りに記録している。

まず一法から誓願寺へ渡したのは、

過去帳入金一両二歩、御番方寄銀五三匁五分、御番方取次前銭一貫二百文、誓願寺日参講報謝銭五貫文、御番方寄金三歩、報謝二百文、六口七日中寄なり、尤も誓願寺納所より請取り出るなり、御参籠中誓願寺え遣わされ候覚、

（『遊行日鑑』）

とあり、この分は誓願寺より請取り（領収書）をとっているので、一法から誓願寺へわたしたものである。

もう一つは「七日中惣高の〆なり」とある分で、これは次の通りである。

御名号銭三貫百文・金八両三歩・銀二匁三歩、御血脈銭八貫八百文・銀三十一匁一分五厘、疱瘡守銭五貫三百九十三文、

これらは一法側の収入となっている。金一両＝銭六貫文＝銀六〇匁で換算して、銭で計算してみると誓願寺に渡した額は銭二五貫二五〇文、一法側の収入は銭七三貫一三八文であ

る。この一週間の収入総額は銭九八貫三八八文である。配分比率は誓願寺二六％に対して一法側は七四％である。誓願寺への支払は場所代と考えられる。

七日の参籠の間に、一法は人々に対して布教活動をしている。たとえば賦算・化益、過去帳入り、疱瘡守の配布、名号札の配布、血脈の授与などである。それによって得た収入と考えられる。

尊如の参籠

五三代尊如は安永四年（一七七五）四月二十一日から二十七日まで誓願寺に参籠している。

さてそれより前、誓願寺に参籠するにあたって尊如は一緒に参籠する僧侶たちに次のような回文（掟書）を出している。（『遊行・在京日鑑』）史料は漢文混じりの文語体なので口語体に意訳した。

一、四月二十一日正午誓願寺に参籠すること、到着後本堂に入り念仏回向すること、

一、七条金光寺の留守中の出入りは午後六時閉門のこと、

一、参籠中はかたく禁足（きんそく）のこと、やむをえない場合は番方に申し出ること、

一、決められた法要は正式の服装で遅滞なく出席すること、

一、中夜・後夜の装束は直綴五条衣のこと、

一、勤行（ごんぎょう）の時の衣服は色物は禁止、白衣を着用すべきこと、ただし鼠色はこの限りにはあらず、

一、二時の食事・勤行後は方丈へ集まること、ただし夜食は寮で済ませること、

一、昼夜ともに他出する時は寮頭の許可を得ること、

一、寮で夜食のおり、酒を飲むことは禁止、宿坊（しゅくぼう）の台所に勝手に出入りしないこと、

一、煙草をのむときは唾など吐かないこと、

一、風呂に入る時は雑言禁止のこと、大便・小便についても気をつけること、

一、出家に不相応の雑談、金銭の貸借は禁止のこと、

一、宿坊においては高声・雑談・音曲を禁止すること、たとえ称名（しょうみょう）の稽古といえども禁止のこと、

一、明日行列の供割りのほか、末寺・大衆一同に熊野権現の神輿（しんよ）のあとに二列に並び、宗衣黒五条着用のこと、

一、一寮より一人ずつ明朝先使の僧とともに出掛け、誓願寺に行列が到着した時荷物を受け取ること、

一、末寺・大衆の者は夜具など、先日渡した風呂敷に包み、見苦しくないようにする

こと、

と、一六ヵ条を申し渡している。

四月二十一日正午七条金光寺を出発して誓願寺に向かった。今回は参籠者が一〇〇名もいるので、大行列であった。誓願寺の門前には「遊行上人宿坊」と奉書半切へ書き、板に貼り付け山門にかけられてあった。また牛車三台で全員の荷物を金光寺から運びこんだ。もちろん毎日の法要や修行が厳格に行われたことはいうまでもない。

四月二十六日に尊如は和泉式部の墓に参詣している。その時別当誠心院へ銭二貫文を渡している。尊如は参籠がおわった後誓願寺へ金三両（香刺・過去帳入り報謝料）、銀三五匁六歩、銭五貫文（日参講中・卮講中よりの報謝料）、銭三五貫一四文（お守り類報謝料幷過去帳入り・香刺・御取次料）などを渡している。なお尊如側の取り分は明らかにしていないが「御番方にて御回向料・御十念など、安産守報謝などこの方へ上納なり」としている。またこの七日間の参籠で「御化益五万四千四百五十二人なり」とあるので、この収入もかなりのものであったと思われる。化益人数は一日平均七八三六名となる。誓願寺が京都の中心四条の繁華街にあったため化益人数も多かった。

以上のように誓願寺参籠の一週間は遊行上人をはじめ配下の僧侶たちの修行の場であっ

たが同時に遊行上人の京都布教の重要な場所でもあった。これは皇居参内の後にいつも行われたということに意味があると思われる。

遊行上人は将軍の朱印を得るとともに天皇から勅賜の「他阿上人号」を受け、将軍と天皇の権威を得た宗教者として、かつ生き仏として、また民衆の宗教的欲求を満たすカリスマとして評価されたのである。しかも他宗派の大僧正と異なり、自ら民衆に積極的に近づき布教する姿勢に、民衆は自分の所属する檀那寺の宗派とは別に、遊行上人に現当（現在と未来）二世安穏を求めたといえる。

次に大名と遊行上人の関係について、割合史料が揃っている磐城藩・盛岡藩・岡山藩についいて検討してみる。

大名と遊行上人

磐城藩と遊行上人

尊証の廻国

磐城藩は持高七万石、この時の大名は内藤義孝であった。遊行四六代尊証の磐城廻国については断片的な史料しか残っていないが、次にかかげてみると、

遊行上人様御廻り元禄十丑（一六九七）十一月廿四日ノ晩御泊り

一、上人様　御出家衆十九人

吉郎兵衛所

一、修領軒・桂光院　御出家衆十六人

善助所

一、洞雲院・等覚院　御出家衆十弐人
　　　　　　　　　　伝之丞所
一、東陽院・常住庵　御出家衆十三人
　　　　　　　　　　十五郎所
外四人御本陣へ□□
〆(しめて)六十弐（四）人
外七人・外俗人供
（福島県小野町浮金石井静文書）

とあり、この史料から四六代尊証が元禄十年十一月二十四日に小野町浮金に一泊していることがわかる。宿は吉郎兵衛・善助・伝之丞・十五郎・本陣の五軒に分宿している。出家の数は総計で六四名、しかしこのほか七名と俗人とあるので一行の総人数は約七〇名前後と思われる。

元禄十年（一六九七）十一月「遊行上人廻国ニ付於城西寺諸事申付控帳」（「内藤家文書」明治大学博物館所蔵）によって四六代尊証の磐城廻国の様子をさぐってみたい。尊証が磐城に到着した日は記していないが、おそらく十一月二十五日か二十六日と思われる。

上人えは三之膳の御料理、惣大衆六十三人えは一汁五菜、中間（ちゅうげん）十人えは一汁三菜申付、

と、尊証を含め磐城へ到着したのは七三名であったことがわかる。上人と大衆六三名・中間一〇名であった。上人の宿舎城西寺、その他の者たちは光源寺・大林寺・光慶寺・龍泉寺に分宿した。

磐城藩から上人への献上物は白米・薪・炭などであったが、数量については記されていない。

十二月十日、藩主内藤義孝は尊証の宿舎城西寺を訪れ、対面している。その折、遊行上人の化益賦算（けやくふさん）の様子の賑わいをみて、札引場の警備を足軽に命じている。

十二月十九日、藩主内藤義孝は再度城西寺に赴いている。この日は父親内藤頼長（風山美鈴院）の一三回忌と、母親の菩提供養をあわせて尊証に依頼している。法要終了後、内藤義孝は上人をはじめ惣大衆へ二汁七菜の料理、中間には一汁五菜の料理を振舞った。内藤家の菩提寺は鎌倉にある浄土宗光明寺であるが、ここでは時宗の尊証に依頼していることが注目される。

一法の廻国

第四九代一法が磐城を訪れたのは正徳二年（一七一二）九月三日のことであるので、遊行上人が磐城を廻国するのは一六年ぶりであった。磐城藩主は内藤義孝。

さて、四九代一法の磐城廻国を『遊行日鑑』でみてみると、正徳二年九月三日の条に、

磐城城西寺え御着、領主より夕飯御賄、普請等まで仰せ付られ候、御使者を以って目録

一、白米　二十俵
一、薪　六十束
一、炭　十五束

寺社奉行両人・用人御見舞い、御賄頭吉羽伝十郎、

とあり、磐城藩主内藤義孝は一法が城西寺に到着すると使者を派遣して滞在中の食糧として白米二〇俵、すなわち一俵を四斗とすると八石と、このほか燃料の薪や炭も届けている。一法一行の到着日の夕食は藩主の賄であった。また寺の建物の普請も行っている。

九月十日の条では、

内藤下野守様御参詣、宝物出る、御札・御化益過ぎに御対談、歌二首御持参、御使者

をもって金三百疋上る、修領軒へ二百疋、宝物取持ちの衆え金二疋つかわさる、とあり、藩主の兄である内藤義英が一法を城西寺に訪ね宝物を見物、かつ対談し、和歌も二首渡している。さらに一法に銭三貫文、修領軒に銭二貫文、宝物を取り持った者たちに銭二〇文ずつ渡している。同十一日には一法から内藤義英に返歌を贈っている。同十三日朝食は藩主の振る舞いであった。磐城藩主一族とはかなり親しい間柄であったようだ。一法一行は九月十三日磐城を出発し、三春藩の法蔵寺に向かっている。一法の磐城滞在は一一日間であった。

賦存の場合

第五一代賦存が磐城藩に入ったのは延享元年（一七四四）のことである。この時の藩主は内藤政樹、持高は七万石である。磐城藩側に残る『遊行五十一世上人御廻国諸色控』（明治大学博物館所蔵）によると、寛保三年（一七四三）十月十三日、遊行上人役者修領軒は東北廻国の予定を発表し、諸国の末寺に対して準備を整えるように指示している。それによると、やや大まかな予定ではあるが次の通りである。

正月	須賀川（福島県）	金徳寺
正月中旬頃	三春	法蔵寺
二月上旬頃	磐城	城西寺

二月中旬頃	相馬	
二月中旬頃	桑折	香林寺
二月下旬頃	福島	宝林寺
二月下旬頃	二本松	称念寺
三月上旬頃	会津	西光寺
三月中旬頃	米沢（山形県）	誓願寺
三月下旬頃	山形	光明寺
四月中旬頃	白石（宮城県）	常林寺
四月下旬頃	角田	専福寺
五月上旬頃	亘理（わたり）	専念寺
五月中旬頃	仙台	真福寺
六月上旬頃	涌谷（わくや）	永福寺
六月上旬頃	水沢（岩手県）	長光寺
六月中旬頃	遠野	常福寺
六月下旬頃	南部	光林寺

七月上旬頃　盛岡　教浄寺

と、一ヵ所ほぼ一〇日〜一五日単位の強行日程である。滞在地と滞在寺院が詳細に書上げられており、それぞれの寺院にその準備を命じている。末寺は遊行上人を迎えるにあたってほぼ三ヵ月前から、時間の余裕のあるところでは約八ヵ月前から仕度に取りかかったといえる。

さて、磐城城西寺はさっそく藩の寺社奉行と相談してその準備に取り掛かることになった。しかし賦存が磐城に到着するのは四ヵ月後のことである。準備期間が短いため城西寺はその対応に苦しむことになった。ところがそれに追い討ちをかけるように修領軒からふたたび指示が届いた。賦存を迎えるに当っての準備の内容である。箇条書きにしてみると、

第一、賦存上人の廻国については藩主から保護があるので末寺は特別の準備をする必要がないこと、ただし最小限建造物の修理や畳替えは行うべきこと、料理は品数ではなく心をこめて作ること、

第二、賦存上人の入国に際しては派手な出迎えはしないこと、

第三、廻国の時、宿泊所になる寺院は一汁三菜程度の仕度にすること、あまり物入りにならないように心掛けること、

第四、賦存上人への献上物は身分相応にすべきこと、決して華美にならないこと、

第五、藩主の名前や藩の役人名・村役人名を早急に賦存上人に報告すること、

ということである。

五一代賦存は延享元年（一七四四）三月二日より十一日まで磐城城下城西寺に滞在した。その折の化益賦算の枚数が磐城藩側の史料に残されている。「遊行上人廻国ニ付諸色覚書」（「内藤家文書」明治大学博物館所蔵）に記されている。次に表示してみると、

二月二日	九二五枚
二月三日	二九五〇枚
二月四日	五三七九枚
二月五日	五九九六枚
二月六日	三九三三枚
二月七日	四八五八枚
二月八日	四八九〇枚
二月九日	三七八〇枚
二月十日	三二五〇枚

二月十一日　　　三三三枚

の合計三万六二〇〇枚となる。一日平均にすると三六二〇枚となる。しかし内容を検討すると、到着日の二月二日と出発日の二月十一日は極端に少なくなっている。また日によって数字にかなりの差異があるが、これはおそらく悪天候の日には参詣者が少なかったためであろう。しかしそれにしても遊行上人の化益賦算の人気は大変なものであった。

一空・一念の廻国

五五代一空が磐城を訪れたのは文化十年（一八一三）十一月二十一日のことである。藩主は安藤信義、持高は五万石であった。藩主は翌日二十二日に一空に対して「白米拾俵（四石）・味噌一樽・薪五拾束・炭三俵」を届けている。また一空が滞在する城西寺には藩主がその準備として本堂の天井や廊下の修理、本堂・庫裏の屋根替え、湯殿の修理をはじめとして畳表替え、障子も新しくしている。一空が滞在中の宗教活動は宝物開帳・菩提供養・加持祈禱・賦算化益などで、連日これらを行っている。磐城藩が一空に提出を命じた賦算化益の総人数は二万六〇〇〇人と報告を受けた。閏十一月十日、一空一行は磐城を出発して相馬藩に向かった。磐城滞在は二一日間であった。

五七代一念が磐城を訪れたのは嘉永元年（一八四八）十月八日のことであった。磐城藩主は安藤信睦、持高六万石。一念が到着した翌日藩主から「先例の通り、白米拾俵・味噌壱樽・薪五拾束・炭三俵」が届けられた。一念は滞在中回向・十念(じゅうねん)・加持祈禱・宝物開帳などを行っている。又この時一念は宿坊建設資金として金一二両二歩を城西寺に渡している。十月一六日磐城を出発した。

以上のように磐城藩では藩主が宿寺の修改築、滞在中の米・味噌・薪・炭などの手配などにかなり配慮していることがわかる。

次に盛岡藩の場合を検討してみる。

盛岡藩と尊如上人

尊如の廻国

五三代尊如は明和八年（一七七一）十一月十七日～安永元年（一七七二）に盛岡城下時宗教浄寺に滞在したが、その折の詳細な記録が『明和八年御領内江遊行上人巡行越年留書（とめがき）』として教浄寺に残されているので、これを中心に遊行上人を迎える地元側の対応を検討してみたい。一方で『遊行・在京日鑑』には明和八年の分は七月～十二月の部分が欠けているが、安永元年の分は残っているので両書をつき合わせながら尊如の布教の様子を明らかにしてみたい。尊如一行の総人数は六一名、その内僧侶は四六名・中間一四名である。この時の盛岡藩（一〇万石）主は南部利雄。

尊如から盛岡教浄寺へ廻国の連絡が入ったのは明和八年二月一日のことであった。教浄寺はさっそく盛岡藩寺社奉行上田多太夫・新田目佐兵衛へ願書を提出した。

　遊行上人当十一月当寺江御移之儀、先触れ到来、先頃申し上げ候通りにござ候間、御前例の如く、御見分の上、御建替・御修復なりとも仰せ付けられ下し置かれ度、願上げ奉り候、尤も当年は越年に付き、勤行の次第もこれあり、

と、十一月に廻国する旨の連絡があったので、前例のように教浄寺の伽藍を見分して建替えか修復をしてほしいこと、とりわけ今年は教浄寺で年越しをし、年末年始の重要な宗教行事があるので、是非宜しくお願いをしたい、ということであった。その対象の建物としては本堂・門屋根・その左右の塀・上人の居間・玄関・庫裏などである。そのほか教浄寺が特に新築を願い出たのは常住屋と土蔵である。常住屋については、

　右は上人下向候えども、拙僧をはじめ寺中残らず引き移り罷りあり候、上人逗留中見舞い申され候間、御修復なし下し置かれるものなり、

とある。遊行上人が廻国してくると末寺である教浄寺は尊如に寺を明け渡さなくてはならない。そして教浄寺住職は盛岡藩に仮屋である常住屋を建ててもらいそこに移り住むことになるのである。それゆえ常住屋の建設は重要な課題であった。もう一つの課題は土蔵の建築であった。教浄寺は次のような理由をあげている。

土蔵は「大破に及び候間、上人宝物入れ置き候事ゆえ」としている。教浄寺にとっては常住屋と土蔵の新築は不可欠な条件であった。

二月五日、教浄寺は寺社奉行に対して尊如滞在のため多額の費用がかかるので、盛岡藩に金六〇両の借金を申し入れている。返済方法は無利息で、一ヵ年金四両ずつ、一五年で完済する、としている。証文の文章に「前例の如く、御金拝借仕(つかまつ)りたく存じ奉り、しかるところに、当年は越年の趣に付き、前例の拝借金高にては行き届きかね申し候」と述べている。このことから教浄寺が遊行上人の廻国を受け入れるたびごとに藩から借金をして準備をしていたことが明らかである。しかも今回は遊行上人（尊如）が越年するのでこれまでより多額の拝借金を申し入れた。しかもこの時はとりあえず早急に金三〇両を前渡ししてほしいといっている。さらに残りの三〇両は七月までに貸してほしいと要望した。

五月二十日、盛岡藩から教浄寺に連絡が入った。

> 御時節柄ゆえ、願の通り仰せつけられ難く候、しかしながら、当年は越年の趣に付き、物入りも相増し申すべく候間、御金三拾五両拝借仰せ付けられ候条、上納の儀は来辰の年より十か年中皆納すべき旨、仰せつけらる

と、教浄寺申し入れの金六〇両の借金は認められないが、とりあえず金三五両の借金は認

めること、返済期限は来年から十ヵ年と決められたことがわかる。

なおこれより以前の五月十三日、尊如から藩主南部利雄へ廻国日程の書簡が届いた。それによると、盛岡藩内での尊如の立ち寄り先は十月下旬遠野時宗常福寺、十一月中旬寺林時宗光林寺を経て十一月下旬盛岡城下教浄寺に到着する、との内容であった。これに対して盛岡藩寺社奉行から修領軒に対して承知した旨の請書を提出している。

十月十日盛岡藩は遠野の八戸弥六郎に対して、遠野常福寺滞在中の尊如への進物として次のような品物を届けるように命じた。白米一〇俵（三斗七升入り）・味噌三斗・薪三間・起炭二〇俵・蠟燭二〇匁掛二〇挺・油五升・野菜代金二両などである。

十月十五日には寺林光林寺に昆布一箱・上々干菓子一箱・米三〇俵・起炭五〇俵・薪一〇間を渡すことを決め、一方盛岡教浄寺へは昆布一折・青銅二〇貫文・米三〇俵・起炭一五〇俵・薪三〇間と決め、いずれも尊如到着のとき目録にして渡す、としている。

十月十五日の教浄寺の記録によると、尊如の盛岡滞在期間は「この元に越年なられ、来春雪消え候まで、ご逗留の由にござ候」としている。

次に盛岡城下における尊如の活動についてみてみる。

十月二十三日盛岡藩は尊如滞在中の御用係（世話役）を勤める役人たちに手当てを支給

している。まず寺社奉行上田多太夫・新田目佐兵衛、警固同心横浜左五左衛門、目付伊藤所左衛門へそれぞれ金一両ずつ、檀家山屋林左衛門・佐藤善兵衛、医師平沢立善・石橋寿船、徒目付(かちめつけ)玉山正太夫・洞内長右衛門にそれぞれ金三両ずつ、寺社所物書小屋敷清助にそれぞれ一両二歩、御徒六名に金三歩ずつ、などをそれぞれ決めた。

十月二十七日には教浄寺普請が完成した旨連絡が入った。さっそく役人たちが検分に赴いている。

十一月十日、教浄寺へ朝五つ時（午前八時）より詰める役人が任命された。寺社奉行上田多太夫・新田目佐兵衛・目付伊藤所左衛門・長柄頭(ながえがしら)取次野々村喜太夫・定御取次市原四郎左衛門・寺社奉行物書小屋敷清助・徒目付洞内長右衛門・使者給仕野田春茶・掃除坊主一名・使者同心三名・小使長柄之者二名など、合計一四名であった。

十一月十一日、盛岡藩寺社奉行から宿坊になる寺院に対して門前の掃除を丁寧にするようにと申し入れている。上人の宿坊は教浄寺、随伴者達の宿舎は光台寺・本誓寺・法華寺・徳玄寺・願教寺の五ヵ寺である。

十一月十七日、尊如一行は教浄寺に到着した。翌十八日進物奉行中西金左衛門が教浄寺をたずね、尊如へ進物目録を手渡した。

十一月二十二日には尊如の使僧として教浄寺を盛岡城に派遣し、「進物目録」のお礼を述べるとともに尊如から進物を渡している。藩主南部利雄へは神勅之札・武運長久守・和紙、南部信濃守には神勅之札・武運長久守、貞林院には神勅之札・除雷之守をそれぞれ渡している。同二十四日には貞林院から初穂料として金五〇〇疋（銭五貫文）が尊如に届けられた。

十一月二十五日、教浄寺から盛岡藩の遊行上人世話方へ願書が提出された。それによると米・薪・炭が今月中になくなってしまうので、何卒追加してほしいとの申し入れであった。

追加の内容をもう少し詳しく記してみると、

一、米は白米で、一日四斗五升入用なので、来月三日までの分しか残っていないこと、

一、薪は今月中の分しか残っていないこと、三日で四間燃すので追加してほしいこと、

一、炭は今月二十六～七日にはなくなるので、追加してほしいこと、現在一日に十六俵ずつ使用していること、

ということである。

十一月二十八日には教浄寺は再度寺社奉行に米・薪・炭の追加を催促している。

十二月八日、盛岡藩勘定頭より教浄寺に連絡が入った。その内容は追加要求に対する回答であった。箇条書きにすると、

一、銭三九貫六六〇文、薪七〇日分、四〇間六分六厘六毛の代金、

一、銭五七貫七四〇文、炭七〇日分、二一〇俵分の代金、銭九七貫四〇〇文であるが、盛岡藩の好意により銭一〇〇貫文を渡すこと、

一、米六〇名の七〇日分、一日三食で一人四合五勺として五〇俵を渡すこと、

としている。

安永元年（一七七二）一月二十日には盛岡藩は尊如が通行する沼宮内（ぬまくない）から野辺地（のへじ）の代官に対して布達をした。

①上人の宿坊は畳替え程度にてすますこと、

②湯殿（ゆどの）・雪隠（せっちん）は新築の必要はないこと、

③襖・障子の張替えをすること、

④上人の食事は二汁五菜、

⑤上人以外は僧・俗の別なく旅籠（はたご）代は一人分銭八〇文～一〇〇文とすること、料理は二汁三菜、

⑥途中で化益・賦算があるので、万全の警備体制をとること、
⑦上人宿泊の場所へは不寝番をつけること、
などと細かく指示を出している。
二月二日〜六日には教浄寺で宝物を開帳している。この時期はこれまでより警固役同心を五名増加して、二〇名が教浄寺に詰めている。
二月三日には、同十二日に尊如が教浄寺を出発するので盛岡から八戸までの宿場に対して馬五〇匹・人足五〇人の提供をするようにと、修領軒の名前で連絡している。

尊如一行の費用

次に尊如が盛岡藩領で使用した人足・伝馬の数と、尊如一行の昼食・宿泊代などについて表示してみた（表5）。

この表は尊如が盛岡藩領から津軽藩領へ向かった時の収支決算書である。これはそれぞれの宿場から書き出されたもので、実際の地元の負担はこれよりはるかに多かったものと思われる。また盛岡藩領で長期に滞在した遠野の常福寺・寺林の光林寺・盛岡の教浄寺での滞在費は含まれていない。

まず幕府の伝馬朱印は馬五〇匹と記されているが、この表でみるとてもそれだけではすまなかったことがわかる。

表5　遊行五十三代尊如廻国費用

滞在地		人足(人)	伝馬(疋)	宿泊昼食代(貫文)	内尊如支払予定分(貫文)
達曽部(昼)～大迫(泊)		290	97	2,440	
大迫～寺林		345	141	6,000	3,000
郡山	(泊)	不記	不記	22,700	7,126
渋民	(昼)	不記	不記	20,905	3,012
沼宮内	(泊)	不記	不記		
小繋	(昼)	不記	不記	1,449	1,000
一戸	(泊)	364	110	5,778	1,000
福岡	(継立)	332	124	不記	不記
五戸	(昼)	355	160	13,894	2,000
藤島村	(継立)	415	189	不記	不記
七戸	(泊)	414	202	13,615	1,000
野辺地	(昼)	430	130	27,850	不記
合計		2,945	1,153	114,631	18,138

参考文献　『御領内江遊行上人巡行留書』（盛岡市教浄寺文書）

さて、表を人足の項からみてみよう。この時の尊如一行は六〇人と記されている。それゆえこれらの人々が携行する荷物などが含まれていることがわかるが、人足総数二九四五名という数字は驚くべき数字である。しかも不記分があるので、これに平均値を入れてみると約四四一七名に達する。一日に平均すると三六八名となる。

伝馬の方は総計一一五三匹であるが、これまた不記分を単純平均で加えると一七二九匹に達する。これを一日平均にすると約一四四匹となる。つまりこの地域では一日に人足約三六八名と、伝馬約一四四匹動員していたことがわかる。いずれにしても五〇人・五〇匹を大幅に上回る数字である。

次に宿泊食事代をみてみる。合計銭一一四貫六三一文である。これに対して尊如側が支払ったのは銭一八貫一三八文にすぎない。これは全体の一五・八％にすぎず、残り八四・二％は未払いである。この未払い分は結局その地域の農民の負担になった。たとえば、渋民から沼宮内間の費用については、銭二〇貫九〇五文の内、三貫一一文は尊如側で支払い、残りの一七貫八九三文は近村に割り付けている。その負担額は八五・六％にあたる。このように考えると、遊行上人の廻国はその時ばかりではなく、その後においても民衆に多くの負担を強いていたことがわかる。

将軍の伝馬朱印の威力は、宿寺の滞在費の負担のみならず各地の宿場においても地元にかなりの負担をかけていることが明らかである。

次に岡山藩については藩側の史料が多く残されているので、詳しくたどってみよう。

岡山藩と遊行上人

遊行上人に関する岡山藩側の史料は岡山大学池田家文庫にかなり保存されている。その中で遊行上人を追跡できる史料は、三九代慈光、四四代尊通、四七代唯称、四九代一法、五〇代快存、五一代賦存、五三代尊如、五四代尊祐、五六代傾心、五七代一念の一〇名である。一方で遊行上人側の記録は『遊行日鑑』『遊行・在京日鑑』では三九代慈光、四四代尊通、四七代唯称の三人を除けばすべて揃っている。そこで、岡山藩側・遊行上人側の双方の史料をつき合わせて遊行上人廻国布教の実態を明らかにしてみたい。

岡山藩の史料

慈光

三九代慈光が岡山に滞在したのは明暦三年（一六五七）五月十九日〜六月三日、一四泊一五日である。岡山藩主は池田光政で、持高は三一万五〇〇〇石であった。池田光政は廃仏大名として、水戸藩主徳川光圀・会津藩主保科正之（ほしなまさゆき）とともに令名をはせていた。そのことから遊行上人の廻国にもきわめて批判的であった。この時の慈光は美作国（みまさか）津山から吉井川を船でくだり、西大寺（さいだいじ）で宿泊している。以下『池田光政日記』（岡山大学池田家文庫）を中心に慈光の廻国の様子をみてみよう。慈光到着の日、岡山藩は西大寺に大野十兵衛を使者として派遣しているが、遊行上人側は「宿坊狭く万事不自由にこれあるべく候よし、申し遣わし候」と述べた、としている。

五月二十一日には岡山藩は淵本甚五左衛門を使者におくり、菓子を持たせて西大寺を訪問させたが、遊行上人側は「その後は使いをもっても申さず候、先日も申す如く、ご不自由にこれあるべきよし、申し遣わし候」と再度不満を述べている。しかしこれに対して岡山藩では慈光到着の翌日家老出羽守・長門守（ながと）・伊賀守を派遣し、見回らせたことを強調して、接待に不足はないはずだ、としている。

岡山藩としては慈光が朝昼晩行う一日三度の勤行やその後行われる化益・賦算に関しては次のように領内に布達した。

逗留中、士中・下々(しもじも)ともに参り候事法度、在々も百姓共宗旨は格別、見物に参り候事
　無用と郡奉行心得にて申しつけ候

と、岡山藩は郡奉行を通じて布達している。その内容は、まず時宗の寺の檀家以外の者の参詣を禁止している。しかし実際には信者が雲集したと思われる。そこで警備がしやすいように次のように布達した。

　町は六十町を三つに分け、廿町分三つにして、一日三度の法事に参り候ように申しつけ候事

と、一度に信者が押し寄せては統制が取れなくなるので全体六〇の町を三等分にし、一日二〇の町ずつ参詣させ、それも一日三回の化益・賦算に分けて参加させた。また一方で、慈光の布教活動が行われる西大寺の警備も厳しさを増している。

　門番多勢入りこみ候間、そのため滝川丹波・伊庭主膳両人、鉄砲頭六人、かわりがわりに詰めさせ、鉄砲者五十一人付け置き候事、

と厳しい警備体制をとっている。人出が多く怪我人が出ないようにすることが警備のあり方であるが、これでは宗教活動の妨害とも取られかねない警備の実態であった。

　このような岡山藩の動きに対して当然のことながら遊行上人側からは批判的な意見が出

された。次にそれを紹介してみる。

逗留の内に大願寺と申す坊主宿坊（西大寺）に物語のように申す、他国にては国主（藩主）殊の外馳走にて候、この国ばかり国主城へもお呼びなく、そこそこの坊主のようにあしらい、気の毒なる事に候（中略）殊の外腹立て候由、かように廻り候も、御朱印にて廻り候えば、国主の仰せ付けられざるはならず候、左様にもこれなくば、江戸にて申し上ることに候由申し候、

と、慈光の役僧である大願寺は自分たちの待遇が悪いのは藩主のせいだとして批判し、さらに朱印で廻国している遊行上人であるから、待遇が改善されなければ江戸で幕府に報告する、と脅しをかけている。

これに対して岡山藩主池田光政は、

もっとも国主御見回りにおいで候わば、いかほども馳走仕り、御目にかかるべく候得(そうらえ)共(ども)、これは法事（布教）のためにおいでのことに候えば、法事さえ御勤め候ようにし候えば、この方に構い申すことにてはこれなく候、振る舞いなどに城へおいで候えば、法事の妨げにも相なるべく候えば、申し入れず候、

と、池田光政が西大寺に慈光を訪問し、お目にかかり、また城でご馳走もしたいと思うけ

れど、しかし今回慈光が岡山に来た目的は布教活動であるので、当方としてはなるべく構わないようにしており、城に招待することは、却って布教の妨げになるのでこちらからは申し入れなかった、としている。

ところで、宿坊西大寺の僧侶は大願寺の言い分を厳しく批判し、「出家の作法にてはあるまじき行為」としている。

また池田光政は次のように記している。

あき（安芸）・筑前・豊前などにて、むざとけっこう（結構）にしなし候故、おごり候て、むざとしたることを申し候と存じ候、他国にては国主見回り、城へも呼び、老中も切々見回り申すように候つるよし、作州にては内記煩いとて、せいもん（誓文）立て申され候、

と厳しく批判している。意訳すると、これまで慈光が廻国した安芸国広島藩（三七万六〇〇〇石）浅野長晟、筑前国福岡藩（五二万三〇〇〇石）黒田光之、豊前国小倉藩（一五万石）小笠原忠真などの大名たちが豪華な接待をするから遊行上人側が強気に出るようになったこと、他国では大名が遊行上人の宿舎を訪問したり、城に呼んで歓待したり、また家老を時々派遣して遊行上人に待遇の様子を聞いたりしている。美作国津山藩（一六万八〇

〇〇石）森長継は病気のため誓文まで書かされた、と記している。

このようなことに対して池田光政の怒りはとどまることを知らなかった。

出発前日慈光の使僧は池田光政に一束一巻を献上している。池田光政は宮部源太夫を派遣して、銀子二〇枚と菓子など三種類の贈り物をした。六月三日朝、慈光一行は西大寺から出船し、帰途についた。

唯称

四七代唯称を次にみてみる。唯称の岡山城下滞在期間は宝永三年（一七〇六）十一月六日〜二十日、一四泊一五日である。唯称の宿舎は浄土宗正覚寺、随伴者の宿舎は報恩院・浄蓮院とそのほかに分宿、この時の岡山藩主は池田綱政である。宝永三年九月六日、唯称は岡山藩に対して次のような書状を出している。

> 一筆啓達せしめ候、各々方いよいよ無異珍重に存じ候、しからば老衲（ろうのう）廻国修行申し候につき、十月中旬に至り、御城下にて暫く逗留せしめ、神勅の御札・化益申したく候、その節先規の如く宿坊幷（ならび）に外宿五軒に仰せ付けられ頼み入り存じ候、且つ又人馬など相違なく相立て候様に、御申し付け頼み入り存じ候、なおその前、使僧を以って御意を得べく候、穴賢（あなかしこ）
>
> 九月六日

遊行上人唯称　印

備前少将御城下御奉行衆中

とあり、唯称一行が岡山城下布教のため十月中旬に到着すること、その折前例のように上人の宿舎ならびに随伴者の宿舎五軒の手配を依頼したいこと、城下の人足や馬の手配も頼みたいこと、あらかじめ使僧を派遣して改めて依頼すること、など申し出ていることがわかる。

これに対して九月十一日には町奉行上嶋彦二郎からは「承知した」旨の書状が唯称宛に届いている。岡山藩としては一ヵ月半前の連絡であるのでさっそく準備に取り掛かった。この前の遊行上人の来国は一四年前の元禄五年（一六九二）の四四代尊通であったので、その節の接待の様子を詳しく調べている。

九月二十四日には藩の役人たちが上人の宿舎正覚寺と随伴者の宿泊寺に赴き、その実態を調査している。同十六日には打ち合わせの会合を開いている。また九月末から十月初旬にかけては隣接の明石藩・姫路藩・津山藩などに接待の様子と準備を問い合わせている。また奉行たちは宿舎正覚寺門前の町屋が見苦しくないかどうかも調査した。

唯称一行は予定より遅れて十一月三日先乗りの僧が岡山に到着した。この僧侶は藩の役人を伴いさっそく正覚寺に立ち寄り仏前・方丈・庫裏などについて厳密に調査をし、若干の修理を申し入れ、小作事方が修理した。随伴者の宿については、法道具・火鉢・煙草盆・行灯・屏風などを持ち込ませている。

十一月六日、唯称一行が到着した。随伴者は六〇名、そのうち五〇名は僧侶、一〇名は俗人と記されている。滞在中の食事は岡山藩が準備をしているが、特に到着日は上人は二汁五菜・僧侶は二汁三菜・俗人は一汁三菜、と決めている。なお上人滞在中は医者三名と料理人一一名が正覚寺に泊り込んで接待にあたった。

滞在中の主な宗教行事は朝・昼・晩の三回の勤行（ごんぎょう）であるが、勤行の後上人は一日に三回化益・賦算を行っている。その様子について岡山藩側の記録（『遊行上人為廻国被参候御馳走記録』岡山大学池田家文庫）によると、

> 毎日朝昼晩勤行の節、鈴木亦兵衛（町奉行）罷り出る、昼勤行の節は聴衆大勢これあるに付き、男女を分け置き、法事（勤行）済み次第に男の分は残らず庭え下ろし、札配り（札場）前にて、上人直に手札を遣わし申され、それより女は上下共に方丈の廊下に上人居られ、一人並に手札をもらわせ、直に玄関えもどす、そのほか堂にての行儀、または怪我などこれ無く申す事など、これなきようにと、亦兵衛裁判（取締り）

仕る、

と、遊行上人の化益・賦算ではとりわけ昼の勤行の後に信者が大勢集まったようである。上人の札配りは男女それぞれ場所を分けて配布していることがわかる。また信者の退出路も分けている。雲集する信者の統制に腐心している様子が明らかである。一方岡山藩は警備のため連日六四名の人足を動員している。もちろん町奉行である上嶋彦二郎・門田市郎兵衛・鈴木亦兵衛の三人は毎日三回の勤行の折正覚寺に詰めて信者達の警備を指揮した。先述のように滞在中の遊行上人一行全員の食事や滞在費、また警備にあたる者達の費用は全て藩主持ちであった。

岡山藩側には唯称の史料はもう一点残っている。実は唯称は宝永四年（一七〇七）二月病気のため岡山藩領内を通過して京都七条金光寺へ向かっている。その折の記録が残されている。

遊行上人病気に付き、帰京仕り候よし、備後より兵庫まで先触れ来る、左の通り申し渡す、

但しこの度は廻国の埒（らち）にてこれなきゆえ、御馳走・御構いこれなし

と、病気帰京であるので藩の接待は必要ない、としている。しかし岡山藩では次のような

ことを決めている。①人馬の滞りがないようにすること、②船渡しの滞りもないようにすること、③通行の村々は名主（なぬし）が世話をすること、④医者が必要な時は手配をすること、などである。また念のためあらかじめ医者を手配している。一の宮村斉藤雲節、一日市村服部周庵、片上村元春、三石村岡村歩三などに待機を命じている。

この時の唯称一行は一九名、その内僧侶は一四名であった。先述の総数六〇名からするとほぼ三分の一の人数である。廻国できた時の僧侶の数は五〇名であったものがここでは一四名と激減している。実はこれには理由がある。時宗の僧侶が法臈（ほうろう）（出家年数）を重ねる修行の場は本山清浄光寺・京都七条金光寺・遊行上人廻国先の三ヵ所である。それゆえ廻国先に近い、たとえば四国・中国地方の僧侶たちがここでは数多く随伴していたと思われる。しかし上人が病気で帰京するとなれば修行場が閉鎖されることになるので、それらの多くの僧侶たちが自分の寺に帰ったものと考えられる。

なおこの時の旅籠代は遊行上人側の負担で、一人に付き銭一四〇文ずつ支払っている。ちなみに食事は一汁三菜であった。しかし人足三三人と馬一五匹は岡山藩が出している。唯称は片上村旅籠の主人亀之助に銭一貫文を渡している。唯称の遊行廻国は備後で中止となり、京都を経て本山の清浄光寺へ帰った。

一　法

四九代一法が岡山城下に滞在したのは、正徳六年（享保元年＝一七一六）五月八日～六月三日の二六泊二七日であった。上人の宿坊は浄土宗正覚寺、随伴者は浄土宗報恩寺・超勝寺・浄蓮寺の三ヵ寺に分宿している。当時の岡山藩主は池田継政である。正徳六年閏二月五日、修領軒・興徳院は岡山藩寺社奉行に書簡を送り、五月上旬ごろ岡山城下で化益・賦算を行いたいので宿舎の手配を頼むと伝えた。閏二月二十五日、岡山藩寺社奉行門田市郎兵衛は修領軒・興徳院へ書簡を送り、「家老とも相談した結果申し出を了承した」旨を返答した。一法一行の総数は上人を含め八一名、その内僧侶は六三名、医者一名、若党二名、中間（俗人）一四名と記している。総人数は前回の唯称の時に比べると二一名も増加している。また滞在期間も唯称の時は一五日間であったのに対して、一法は二七日とこれまた一二日も長い。これには理由があった。実は一法が岡山に到着した翌日江戸から岡山藩への飛脚があり、七代将軍徳川家継が他界した知らせが届いた。家継が他界したのは四月三十日のことであるので、飛脚による連絡が岡山に届くのに九日かかったことがわかる。そこで岡山藩は町奉行松浦覚之丞・寺社奉行門田市郎兵衛を一法が宿泊する正覚寺に派遣し、次のように伝えた。

御他界遊ばさるるよし、今日相聞き、穏便の事に候間、今晩より参詣人相止め申し候

よし、家老共申すよし、修領軒え申し達す、

とあり、将軍他界のため一法の主な仏事である化益・賦算が禁止された。岡山藩側の要求は具体的にいえば、他界の報に接してから二七日（十四日）を過ぎた五月二十三日から参詣人に対して札配り（化益・賦算）をするように、ということであった。もちろん一法の側も藩の申し出を受けざるをえなかった。五月九日から正覚寺の山門も閉じられ、境内への立ち入りは禁止された。五月二十三日からは毎日朝・昼・晩の三回の勤行と勤行の後は化益・賦算を行っている。ここでは札配り場所について詳しく書かれているので紹介してみよう。

札配り所一か所本堂の椽東北の方に付け、一間四方の柿葺にて、椽より少し高く、前に竹垣二間四方に張り、北と南に口を開け、参詣人を入れ、上人上より札配られる所大勢混み合い候ゆえ、上人の好みに付き間半通りの道ばかりに、北の口より入り南に出し候、坂に入り口狭く、長さ四・五間両側に垣を致し、外の方二重垣に結い、右の通りにこの度小作事方より出来、

とある。化益・賦算に雲集する参詣人をどのように順序よく整理するかが記されていて、興味深い。また一法の身の安全を確保する手立ても考えていることが読み取れる。

毎日の勤行の時間割も定めている。朝は六つ（午前六時）に始まり、五つ（午前八時）前に終了、昼は九つ（午前十二時）に始まり同半時（午後一時）終了、晩は七つ（午後四時）に始まり暮前に終わる、としている。

また札配りについては、

男女共この度出来（しゅったい）の配り所にて、御札配られ、垣の内え名主二人差し置き、同外に御歩行目付一人差し置き、小頭幷御足軽は参詣人を裁判し、北の入り口より入れ、御札銜（くわ）え候者は南の口え出だす、士（侍）中または断りこれある男女は本堂にて御札配りこれあり、名主共裁判仕る、

と、ほぼ完璧な警備体制がとられている。しかし全体的にみると、侍や有力檀家には本堂内で一法が札を配り、民衆には本堂の外に設けた配り所で札を渡している。六月三日、一法は岡山を出発して赤穂（あこう）へ向かった。

快　存

五〇代快存の場合は享保十七年（一七三二）八月一日岡山藩寺社奉行に書簡を出している。それによると、翌十八年七月下旬に岡山城下で布教したいので宿坊を手配してほしい旨申し入れている。これに対して同年九月二十二日岡山藩家老日置猪右衛門・伊木豊後、と寺社奉行広沢喜之介から書簡が届いた。それによると、①

藩主池田継政は江戸在府中で留守であること、②快存の宿舎は手配すること、③岡山に来る三〇日ばかり前に正確な日程を教えてほしいこと、などを連絡している。

ところが、享保十八年一月二十日、この時九州日向(ひゅうが)国を廻国していた快存は配下の修領軒に岡山藩寺社奉行広沢喜之介宛に書簡を出させた。

当夏中上人御城下修行を申すべき候えども、いずかたも不作にて人民困窮のよし承候ゆえ、世間遠慮存ぜられ、修行を相止め、直ちに兵庫真光寺まで参られ候につき、宿坊などの義堅く御無用になられ下さるべく候、人馬などばかり仰せ付けられ下さるべく候、

これによると、とりわけ西国(さいごく)が不作で、人々が困窮している様子を見聞し、岡山城下での布教を中止することにした旨連絡している。なお手数ながら城下通行の折は宿坊の手配は必要ないが、人足と馬の手配はしてほしいと申し入れた。

快存は九州廻国中にしばしば不作の様子を目撃していたようである。たとえば『遊行日鑑』享保十八年二月二十七日の条によると、「今年九州困窮ゆえ、四十九代様（一法）御修行の時の御馳走に異なり」とあるし、三月二日の条には「世間困窮につき四国修行を御やめ遊ばされ、それゆえ当地より兵庫えお帰りにつき、大衆三十人ほど御立ち、前日つか

わさるる、お供まわり三十人ほど両日に分け、尤も伝馬の儀両日ともに十二匹ずつ、尤も御伴まわりの人足二十四・五人なり」とあり、不作により伝馬朱印の人足五〇人・馬五〇匹も手配できず、二日に分けて移動していることがわかる。九州の廻国もこの時滞在していた延岡浄土宗三福寺で打ち切り、さらに四国修行も中止した。快存の気持ちは、なるべく早く宗祖一遍が没した霊蹟である神戸の真光寺へ帰りたいということであった。『遊行日鑑』には享保十八年三月十六日～二十年十月十六日までの記録が欠落しており、その後どのようなコースを辿っていつごろ真光寺に辿り着いたかはつまびらかにできない。

賦存

五一代賦存が岡山城下に滞在したのは延享四年（一七四七）九月二十二日～十月十六日、二四泊二五日であった。賦存の宿坊は浄土宗常念仏寺、随伴者のうち修領軒は真言宗大福寺・洞雲院は真言宗大楽院・興徳院は真言宗薬師坊・東陽院は浄土宗玉峰院であった。前回までの上人はいずれも浄土宗正覚寺を宿坊としていたが、今回から常念仏寺に替わっている。その理由は、

上人宿坊は先年より正覚寺に仰せ付けられ候得共、同寺大破に及び居り申すに付き、この度常念仏寺に仰せ付けらるるやと喜之介（寺社奉行広沢喜之助）より相伺い、その通りに仰せ付けられ候、

つまり正覚寺が大破したので常念仏寺に変更したことが述べられている。またこれにともなって随伴者の宿坊もすべて前回とは異なっている。

この時の岡山藩主は池田継政である。賦存一行の人数は僧侶四三名、俗人一一名の合計五四名であった。

賦存の常念仏寺での仏事は前回同様朝昼晩の勤行と、その後三回行われる化益・賦算であった。岡山藩の対応が前回までと明らかに違ったのは藩主池田継政が二回に渡り常念仏寺の賦存を訪れていることである。

一回目は九月二十八日のことである。『遊行日鑑』によると、

四つ時（午前十時）当太守様（藩主池田継政）御参詣お座敷えお入りなられ候、追付け上人御対面に罷り出られ、修領軒・興徳院（いずれも時宗の役僧）随従これあり候、大炊守様（藩主池田継政）よりお土産として御札袋尤も袱紗包にて、阿弥陀仏絵像箱入、但し御自画なり、（中略）それより日中法要、御聴聞なられ候、それより御化益御座敷物見よりご覧、追付けお帰り也、（中略）太守公おいでの節御札などお望みに任せ、神勅の御札・御守・御封札二十幅奉り候也、自画（阿弥陀仏）表具仰せ付けらるるの由、これよりお役人中まで遣わされ候、

とある。岡山藩主池田継政は時宗に対する関心が深く、自ら常念仏寺に乗り込み、賦存の化益・賦算という布教活動を見聞し、お土産として御札袋や自分が画いた阿弥陀仏絵像を賦存に手渡している。また一方で御札や御守りを所望し、数多くの物をもらって帰った。特に神勅の札は上人が化益・賦算で配布する「南無阿弥陀仏決定往生六十万人」の札である。この時数多くもらった札・守の中には矢除・雷除・疱瘡守などが含まれている。

翌日の九月二十九日には「太守様より雷除・疱瘡守・安産守などお望みに付き、数十幅上げ申し候」とあり、時宗に対する関心の深さが窺える。

十一月十一日には寺社方の塩見弥太夫が常念仏寺へやってきた。その用向きは「一遍上人絵縁起箱太守公より御寄付に付き、寸法採」ということであった。またこの日には御用懸の池田杢が賦存のもとに挨拶にきて、明日藩主池田継政が再訪する、と伝えた。一方で、藩主からの届け物として使者塩見弥太夫が夜食の蕎麦切二〇舟を届けた。他の四ヵ寺にも二舟ずつ届けられた。

二回目の池田継政の訪問は、十月十二日午前九時であった。本堂にある熊野権現にまず参詣している。その後五時間ほど常念仏寺に滞在した。延享四年『遊行上人御馳走留』(岡山大学池田家文庫)によると、殿様御廻りの御ついでに常念仏寺え五つ半頃（午前九時）お立ち寄り遊ばされ、上人えご対面遊ばされ、直ちに昼の勤行御聴聞遊ばされ、八つ時（午後二時）御立ち遊ばされ候、

とある。

十月十三日は藩主池田継政の使者として佐分利甚五郎が常念仏寺へ来寺、昨日のお礼として上人へ金二〇〇〇疋（銭二〇貫文）・椙原（すぎはら）一〇帖を持参、さらに修領軒へは羽二重（はぶたえ）、洞雲院・興徳院へは金五〇〇疋（銭五貫文）ずつ、林道へは金二〇〇疋（銭二貫文）を渡している。

またこの日には「家老中弁諸役人中頼みにより宝物本堂にて開帳相すみ候也」とあり、賦存が携行した宝物を開帳している。これには先述の「一遍上人絵縁起」も含まれていたと思われる。

十月十四日には寺社奉行が来寺し、藩主先祖代々過去帳入りの回向報謝として金三〇両を納めている。延享四年『遊行上人御馳走留』によると、

同日上人御当地逗留中御当家の御法牌の御回向御頼み遊ばされ候に付き、過去帳に御書き入れ、これにより御寄付として金子三拾両御遣わし遊ばされ、喜之介より修領軒

をもって差し出す

とある。この史料によれば池田継政が先祖代々の位牌に回向を頼み、さらに遊行上人が携行している過去帳に記帳を頼んでいることもわかる。

賦存一行は十月十六日岡山を出発して次の滞在地赤穂へ向かった。

後日になるが、十二月二十六日神戸真光寺に滞在していた賦存のところへ、岡山藩主池田継政からの飛脚が到着した。岡山で藩主が賦存と約束した「一遍上人絵縁起箱」を届けてきたのである。『遊行日鑑』によれば、興徳院・洞雲院はさっそく佐分利甚五郎・生駒弥右衛門に書簡をしたため、「御城下において内々お約束の新縁起箱出来に付き、この度わざわざお持ち下され御深志の至り、忝く（かたじけなく）存じ候」としている。この時の縁起箱は藤沢の清浄光寺に現存している。

尊　如　五三代尊如が岡山城下に滞在したのは安永三年（一七七四）十月三日から同二十七日、二四泊二五日であった。藩主は池田治政であるが、この年は江戸に滞在しており、岡山では隠居の空山（前藩主池田継政）が中心になり、尊如一行を歓迎した。

尊如来国の準備は安永三年八月二十一日から始められた。『遊行上人留』（岡山大学池田家文庫）によると、「常念仏寺作事小屋懸等出来に付き左の面々見分のため罷り越す」とあり、この日常念仏寺と随伴者の宿も合わせて新・改築の様子を点検している。この時の役人は寺社奉行以下総勢二四名であった。

同月二十三日の条によると、

左の通り御用老申し渡さる、御番頭池田造酒・同丹羽広人、遊行上人巡行につき、御当地逗留中常念仏寺え相詰め候様仰せ付けられ前々の通り相心得べく候

とあり、尊如が宿泊する常念仏寺へ、滞在期間中毎日詰めて警備体制を敷くように申し付けられている。このほか寺社奉行・警備役・食事の接待役・門番など、一八名が任命された。

同日尊如の随伴者の宿坊四ヵ寺も正式に決まった。真言宗大福寺・浄土宗円常院・真言宗大楽院・浄土宗玉峰院である。

十月三日尊如一行が津山から到着した。

十月四日の『遊行・在京日鑑』によると空山（池田継政）より最近の遊行上人の動向（すなわち、前回継政が接待した賦存以後の遊行上人たちの様子）を知らせるようにとの連絡があった。これに対して尊如は次のように記し、寺社奉行安藤与一左衛門に渡している。

○遊行五十一代賦存上人相続（就任）寛保二壬戌年（一七四二）三月十八日、遷化（せんげ）（死去）宝暦六丙子年（一七五六）二月廿八日歳七十五、

○遊行五十二代一海上人相続宝暦七丁丑年（一七五七）三月十八日、遷化明和三丙戌年（一七六六）三月廿六日歳八十三、

○藤沢山（本山清浄光寺住職）三十代呑快上人入山（就任）明和三丙亥年四月一日甲府一蓮寺より、遷化明和六己丑年（一七六九）三月廿九日歳九十九、

○遊行五十三代尊如上人相続明和六己丑年三月十八日歳齢六十五

とある。

十月九日の条によると、

> 空山公より御内々にて当国八木山石数珠壱連・瀬戸物香合（こうごう）壱つ贈られ候、御封札三十・除雷五願い来たり候ゆえ、修領軒より使者え遣わされ候なり

とあり、空山が作成した八木山石の数珠と瀬戸物の香合が尊如に届けられ、尊如は封札三〇枚と雷除守五つを贈っている。

十月十日には尊如から空山へ御札一〇枚贈っている。

十月十五日に尊如は岡山城下の東照権現に参詣した。

十月十八日の条によると、

当御隠居空山公八つ時（午後二時）お入り、（中略）尊躰（尊如）御対面、御菓子興徳院奉る、しゅくしゅくと御清話、御丁寧の御挨拶御座候、尤も宝物ご覧になられ度く、十品差し出す、しゅくしゅくと御覧にいれる、それより暫く御話しあり、お帰り候、

空山は尊如と会ってしばらく話をしているが、のちの記録によると空山は絵心があったらしく前回賦存が岡山へやってきた時は自分で画いた阿弥陀如来像を贈っている。実はこの時には尊如の絵像を描いたと思われる。また宝物一〇品を開帳とあるが、その中には前回空山が賦存に贈った「一遍上人絵縁起箱」も含まれていたようである。空山は帰宅後使者を派遣し、尊如に唐木綿三反・金一〇〇〇疋（銭一〇貫文）・造花一籠を届けている。

十月二十一日には尊如から空山へ「元祖上人語録箱入と薫陸杯箱入」を贈っている。空山は「殊の外御満悦の由なり」と、寺社奉行より伝えられた、と記している。

十月二十六日空山から「尊如の絵像」が届けられた。これは十月十八日空山が常念仏寺を訪れた時描いたものである。空山の讃が付けられているが、その讃は、

安永三甲午のとし十月三日、遊行尊如上人岡山え廻りて例の儲甚し、常念仏寺に旅宿し給う、同月十八日予彼所にまかり上人へ謁せし上、宝物を見んことを望みしかば、

数々のこうかつ（校割＝寺の宝物）ならびに、過ぎし頃来たり給いし賦存上人に贈りし品など取り出し、見せ給いて暫く物がたりしつつ、みずから焼きし香合、八木山石にて造れる数珠、その外なにくれと取り添えて送りはべりぬ、延享四年よりは当とし二十八年に成り候事、予直に正見せし尊如上人の姿をみずから画して、ながくこれを不朽にしるし置事しかり、真如とは誠の月の住所

とある。この讃には空山の思いがかなり記されている。安永三年十月三日尊如が岡山城下常念仏寺を宿舎としたこと、十月十八日には空山が常念仏寺に尊如を尋ね、親しく懇談したこと、その折遊行一行が携行していた宝物の開帳を所望したところ、数々の宝物をみせてもらった。その中に二八年前岡山に賦存が来た時、当時藩主であった空山が贈った品（阿弥陀如来像・一遍上人絵縁起箱）を見出し、しばらくその話しをしたこと、またこの時空山が自分で作った香合と数珠を尊如に贈ったこと、その折空山が尊如の絵像を作成し、これを改めて贈ること、などを記している。空山は前回賦存が岡山城下に廻国した時もたいへん歓迎したが、今回の尊如の場合も「儲甚し」として、同じようにもてなしていることがわかる。初代岡山藩主池田光政とは違い、時宗布教に対する最大の理解者であったともいえる。

一〇月二十七日尊如一行は岡山を出発し赤穂に向かっている。

尊　祐　この年寛政七年（一七九五）は遊行上人にとっては大変ショッキングなことがあった年である。実は寛政七年二月九日、遊行五四代尊祐が九州の佐賀一向宗西本願寺派願正寺に滞在していたころ、幕府から時宗に法令が出された。『御触書天保集成』によると、

遊行上人当時廻国中の所、前々より仕来り(しきたり)にて、領主・地頭などの取り扱い、手重(ておも)なる向きもこれあるやに相聞き候、右は領主・地頭より贈り物ならびに入用向き人馬など差出候仕来りに候とも、法中修行のための廻国の儀に候えば、仕来りになずまず、役僧へ申し談じ、なるだけ省略いたし、差し支えこれなきほどに取り計らうべし、苦しからざる筋に候、

とあり、意訳してみると、遊行上人は廻国中であるが、以前からの慣習により大名の取り扱いが手厚く思えるふしもある、と聞いている。遊行上人に対して大名から贈り物をしたり、定めた以上に人馬を提供したりしているが、慣習にとらわれずにしてほしいこと、遊行上人の巡行は多くの僧侶の修行のためであり、慣習にとらわれず役僧と相談してできるだけ省略し、藩に負担がかからないようにすべきである、としている。

この法令が出された理由が、この時の遊行上人尊祐一行の廻国の実態をみて出されたものか、これまでの代々遊行上人の振る舞いや華美な接待要求に対して大名たちが幕府に訴えて、その統制策が出されたものかははっきりしないが、ともかくこの法令の布達が九州に辿り着くのには二週間ぐらいかかるので尊祐一行としては、この年の二月末ごろからは大名との対応に苦しむことになったと思われるし、大名側はこの法令を梃子(てこ)に支出を押さえることができることになった、ともいえる。

次に幕府法令が出された前年の尊祐一行の動きについてみてみたい。

寛政六年五月六日、丹後国田辺（舞鶴）藩（三万五〇〇〇石）主牧野宣政の城下でのこと「当所は御朱印御触五十疋のほか差出申さず」と拒否された。遊行上人側はこれまでは五〇疋の馬・五〇人の人足以外にもかなり多くの要求をしてもいつも叶えられてきたが、ここでは拒否され、先使の僧の分の馬と人足は「別に賃銭をとる」とされた。遊行上人側としては大変面食らった。

五月十六日には岩国藩主吉川和三良経忠より書状が届いた。『遊行・在京日鑑』によると、

領分古今これなき洪水、いちじるしく破損・損毛(ママ)などし、公辺えお届けも致し候ほど

の儀にて、家中扶助なども行き届きがたく、その上近年打ち続き旱・虫の損毛も多く、民家に至るまで疲労いたし、なおまた去々年江戸屋敷類焼、

と、今回の洪水による被害、近年打ち続く旱害・虫害もあり、凶作が続き農民の生活も苦しく、家臣への扶助も行き届かない現状である。さらに江戸藩邸も焼失してしまった。このような状態であるので、遊行廻国については、

なんとも領内でお引き受けし候様致しかね、心外ながらお断り候よりほかござなく候、右の趣を聞こし召され、この度領内お越しの儀ご用捨下され候様、致したく存じ候、

と、領内への廻国を拒否するとの連絡がきた。これに対して尊祐は、そのような状態であるならば「よんどころなく除く」として、返書を出すように指示した。

五月十八日田辺（舞鶴）から宮津に向かう前日、藩の役人と移動手段について交渉をしているが、この地域では馬の手配ができないので、上人はじめ有力な僧は駕籠で運び、荷物は人足が運ぶことになった。『遊行・在京日鑑』によると、

総締、荷物五拾九駄、人足都合七百六拾壱人、惣宰領頭引七、町組頭善六、日雇頭四郎兵衛、右は駕籠壱挺ニ付四人、荷物一駄八人持也、

とみえている。なにはともあれ人足の動員数は大変な数であった。これもまた伝馬朱印の

威力であったといえよう。

五月二十九日、宮津から出石に移動中の出来事であるが、遊行上人が持ち歩いている熊野権現の神輿を人足が取り落とす事件があった。遊行上人にとっては、熊野権現はまさに錦の御旗ともいえる代物であった。これも『遊行・在京日鑑』にみてみると、

宮津よりこれまでの道筋、途中にて神輿取り落とし、甚だ不興の趣、人足奉行・文峰軒弁白親を以って、大庄屋久郷久右衛門・河田直次郎弁宰領の者などに掛け合い候、一言の申し訳もこれなし、当町役人を相頼みお詫び申上候に付き、その通りにて御免なられ遣し候、

とある。文峰軒（上人の従僧）と人足奉行などが掛け合ったが、当事者からは一言の詫びもなく、上人側はかなり立腹している様子がわかる。町役人が間に入って謝罪をし、事なきを得たと記している。

七月四日の条には次のようにある。

御城主より宿坊修復料として銀子壱貫五百目（金二五両）、当日経料として銀二拾枚（金一四・三両）下される也、稲光万福寺御止宿に付き、ことに庫裏建立に付き、銀子五貫目（金八三・三両）、伯州の内三郡の勧化仰付けられ候由、

とある。鳥取藩（三二万石）主池田治道は尊祐に対して金一二二・六両を支給し、二五泊二六日尊祐一行の滞在中の毎日の三食は藩主持ちとした。尊祐の宿舎は浄土宗玄忠寺、随伴者の宿舎は四ヵ寺、これらの寺々の修築・改築・畳表替えなどにかかる費用は領内三郡の寄付金を集めてこれにあてた。そのため宿舎はいずれも新しく、快適に過せたと評している。また鳥取藩領内に尊祐一行が滞在している期間、食物・炭・薪・干物・油・茶・蠟燭・塩・砂糖・味噌・煙草など、必要に応じて提供している。

もちろん尊祐も家老や家臣たちに宝物を開帳しているし、一日三回の勤行と化益・賦算を行っている。一方玄忠寺の警備のため家老初め家臣以下多くの人々がその任にあたっている。大変な歓迎振りであった。

九月十日、広島浄土宗誓願寺に到着、随伴者は真言宗西福院・福寿院・持名院・慶蔵院・安楽院の五ヵ寺。広島藩（四〇万石）主浅野重晟（しげあきら）の歓待を受け、二一泊二二日滞在し、布教している。ここでは厚遇された。

閏十一月九日、赤間関（下関）時宗専念寺に滞在していた時、長門国清末藩（ながときよすえ）（一万石）主毛利讃岐守政美から銀三二五匁（金五・四両）・白米七石五斗・炭六〇俵・薪三七五把・蠟燭二二五挺・灯油二斗三升・白味噌四斗・赤味噌一石一斗・醤油八斗・揚油三升・煙草一五斤・茶一五斤などが差し入れられている。ここで興味深いことが行われた。これまでは残った差し入れの品々は上人の宿坊や随伴者の宿に渡していたが、専念寺出発前日に香飯司（上人の台所役）から藩の台所奉行に返却している。そのリストをみると、返却したのは銀五八匁八厘・白米五石三斗九升・白味噌三斗四升・赤味噌六斗五升・醬油五斗二升・灯油八升・煙草二斤半・茶一二斤・炭三九俵・薪二九五把である。

十二月十一日、博多時宗称名寺到着、福岡藩（四七万三〇〇〇石）主黒田斉隆、四一泊四二日の滞在、「御移に付き、寺御修復など諸事御丁寧なり」とあるので、この機会に福岡藩が称名寺の伽藍修復をしたことがわかる。この時藩主黒田斉隆は江戸詰であった。上人一行の滞在中の食事はすべて福岡藩持ちであった。

朝御膳の節隔日に御菓子差し上げ候に付き、お断りこれあり候ところ、御丁寧なるお断りの趣早速家老共え申し聞かせ候ところ、諸事御心づけられ、省略仰せ聞かさる所存に候、筑前守えも申し聞かすべく候、なおまた諸般御用向きの節は何時にてもご遠慮なく仰せ聞かさるべく候、且つ又大衆中にも何にてもご不自由なる儀は向き向き役人共差出置かれ候間、御申し聞かさるべきむね、家老共申し候と元締め方より申し出で候事、とあり、以上のことから福岡藩が尊祐を最大限にもてなしていることがわかる。

尊祐は時宗の最大の行事である歳末の別時念仏（滅灯会）を博多称名寺で行っている。また一方滞在中には箱崎八幡宮・観世音寺・大宰府天満宮・櫛田明神などへも参詣している。

法度の影響

幕府の遊行廻国に対する前述のような法度が寛政七年二月九日に出されると、これに対応する大名たちの上人に対する扱いがかなり変わってきた。一方上人側もこれまでのような高飛車な態度で大名側に対応することは極力抑えている様子が窺える。

法度が出された約二週間後の二月二十二日、肥後国高瀬時宗願行寺に滞在していた尊祐のもとへ、熊本藩町奉行から次のような連絡が入った。

この度御巡国について、当領中御旅宿そのほかの儀とも、諸事前例の通りには申しつけ置き候えども、辺鄙の儀その上近年領国非常の災害、人畜の亡失の儀未曾有の儀（中略）速々水害も差し続き候上の儀、公儀よりも格段の御沙汰を以って、お手当てなし下され、ようやく窮民飢えをしのぎ候えども、いまだ国中不行き届きの事のみにて、万端粗末のこともござあるべく候、倹約の儀かねて公儀仰せ出されの趣もこれあり候えども、格別の御巡行にござ候えども粗略これなきよう申しつけられ候、しかしながら右の通りの折柄につき、自然行き届き申さざる事もこれあり候由、

と、熊本藩の対応がかなり厳しくなっていることが読み取れる史料である。遊行上人の接待倹約の法令が出されて、ほぼ二週間で熊本藩にもすでに法令が届いているはずなので、熊本藩としての対応はしやすかったといえる。もちろんこの時期熊本地方では災害が続き、民衆の生活が窮乏していたことも事実である。

『肥後近世史年表』（日本談義社）によりこの時期の熊本藩の損耗高を書き出してみると、天明年間（一七八一～八八）の飢饉以来凶作が続いていた。たとえば、尊祐来国直前の寛政年間（一七八九～九四）の損耗率をみてみると、熊本藩表高五四万石に対する損耗率は寛政元年二五％、同二年三五％、同三年四六％、同四年六九％、同五年一九％、同六年二二％、とある。損耗の理由としては旱魃・虫入り・大雨洪水などである。このことから熊本藩の要求が正しいことが窺える。

このような状況下、熊本藩側としては法令が出たことにより断りやすかったともいえる。

三月十五日の条では、遊行上人側も、

かねて御先使より万事手軽に仰せつけられ下され候様、御馳走役まで挨拶いたし置き

候なり、

と、先乗りの僧侶がなるべく接待を軽くしていただきたいと申し入れている。

三月十六日の条には、

尊躰（尊祐）仰せ出されるにより、万事手軽に仰せ付けられ候よう、御先使より挨拶いたし候、これにより御逗留中大衆まで二汁三菜にこれあるべきところ、一汁香三菜の御賄にこれあり候なり、

と、前日先使の僧が申し入れたのは、尊祐の意志であったことがわかる。熊本藩としては尊祐一行の領内の宿泊費と三食は負担するが、食事の内容は一汁三菜と香物（漬物）という接待になった。尊祐の熊本城下での宿舎は、浄土宗阿弥陀寺、随伴者は浄土宗聖光寺・曹洞宗宗善寺・浄土宗法蓮寺・浄土宗西流寺が宿舎であった。熊本藩（五四万石）主は細川斉茲（なりしげ）である。この時藩主は江戸詰であった。尊祐一行の熊本城下滞在は一〇泊一一日であった。

六月十八日、日向国延岡城下浄土宗三福寺に滞在していた尊祐の元に伊予国宇和島藩寺社奉行から連絡が入った。宇和島藩はここ数年困窮であり、幕府から近年たびたびの国役を命ぜられ、先代が他界し今年初めて新藩主が国入りし、藩財政が逼迫しているので数日

の滞在にしてほしい、とのことであった。賄は一汁三菜にしてほしい、との申し入れもあった。尊祐一行は七月十二日に宇和島に到着し、十八日に出発しているので、六泊七日の滞在であった。

七月十九日の条によると、大洲藩（五万石）主加藤泰済城下では寺社奉行下役久松丹兵衛が尋ねてきて、寺社奉行の書状を手渡した。その主旨は、

> 国内積年窮迫の訳を以って、去る未年公辺お届けをも仕り、重き省略年限中に付き、国内普請・作事などの修補、肝要の場所まで一通りなり、取繕のみにて今般御通行の砌、万端不都合の儀もあるべく候由、

と、大洲藩でも困窮をきわめており、上人の宿舎の新・改築を行うことはできず、修繕程度に留めざるをえなかった、としている。また食事について、三食とも藩主持ちで、上人には二汁五菜、大衆には二汁三菜用意した。しかし二十二日と二十五日には尊祐のほうから辞退を申し入れている。大洲城下滞在は四泊五日であった。

十月十八日、備中松山藩（五万石）主板倉勝政城下、曹洞宗定林寺に滞在の折、松山藩の接待は諸事省略ということで、上人は一汁五菜、大衆は一汁三菜であった。「旅中万事不自由」とその不満を記している。松山城下滞在は五泊六日であった。

以上みてきたように、幕府の遊行上人廻国に対する倹約の法令が出てからは、各大名たちの対応は法令布達以前とは明らかに異なっていることがわかる。遊行上人廻国の折、藩主はなるべく支出を押さえて城下滞在を短縮させていることが窺える。一方でまた遊行上人側は随伴者の数を極力減らしている。

五四代尊祐は岡山城下浄土宗常念仏寺へ滞在したのは、寛政七年（一七九五）十一月二日～十八日、一六泊一七日であった。藩主は池田斉政、随伴者の宿舎は真言宗大福寺・大楽寺と浄土宗円浄寺・玉峰院の四ヵ寺であった。

尊祐が五四代遊行上人になったのは寛政三年のことであった。藤沢の清浄光寺を出発し、江戸で将軍の伝馬朱印、つまり全国どこででも五〇人の人足と五〇匹の馬を無償で徴発できる権利をとり、北関東～東北～北陸～中国～九州～四国と辿りやっと岡山に着いたのが藤沢を出発してから四年九ヵ月目であった。

尊祐から岡山藩に来国の連絡があったのは寛政六年四月十五日のことであった。

今般遊行上人諸国修行致され候、来卯年（寛政七年）その城下え相移られ化益いたされ候、これにより御領分方御役人中え案内の書状差し越し候間、お世話御指出し給うべく候、

とあった。寛政七年九月二十三日には、

ご馳走の儀公儀お触れもこれあり、その上厳重御取り縮・御倹約の儀ゆえ、随分御省略の段相心得、

と岡山藩へ連絡している。岡山藩は十月四日には常念仏寺に詰める役人名を発表、十月二十二日には上人の宿舎や随伴者たちの宿舎四ヵ寺を最終点検した。十月二十五日には上人が一日三回札配りする場合の警備体制を整え、垣の内に名主二人、垣の外に徒目付(かちめつけ)一人、小頭一人と足軽数名を配置することにした。また勤行の開始時間は朝六つ半（午前七時）、昼四つ半（午前十一時）、晩七つ（午後四時）と決めた。

十一月二日、尊祐到着後東陽院が藩主に到着報告をするため町会所に赴いた。その足で池田家分家二軒、家老や役人たち一一軒も廻り、到着の報告をしている。その後家老や役人たちが常念仏寺に尊祐を訪ねている。

十一月六日には尊祐の宿坊常念仏寺の門中である浄土宗西山派の八ヵ寺の住職が尋ねてきた。宗派は違うがいずれも尊祐から十念を授与されかつ御札ももらっている。

十一月十一日には尊祐は岡山城下の東照宮へ輩下の僧を従え、行列を組んで参詣している。

十一月十二日には家老池田隼人の用人津熊善太夫が尊祐を訪ね、四四代尊通の「真筆之和歌」を持参し、みせている。尊通が岡山にきたのは元禄六年（一六九三）十一月ごろであるので、一〇三年以前のことである。善太夫は逆修（ぎゃくしゅ）（生前）供養をしてもらい、金一〇〇疋（銭一貫文）を献上している。

十一月十五日には使僧修領軒を藩主池田斉政と隠居（前藩主池田治政）のもとへ派遣し、滞在中のお礼と暇乞いを述べさせ、それぞれへ神勅の札・武運長久守を献呈した。また分家・家老・藩役人へも札・守を配っている。この日はまた常念仏寺で宝物を開帳し、家老・藩役人・町惣年寄などが見物にきている。

十一月十六日、尊祐は常念仏寺住職に和歌を渡している。『遊行・在京日鑑』によると、備前国岡山の常念仏寺は国主大檀の仁恵より、遊行代々留（る）錫（しゃく）の道場と定まりぬれば、

かくなんよみて送り、

三熊野の、みこしをここに担ぎきて、

弥陀の誓いや、世々に弘めん

とあり、意訳すると、常念仏寺は岡山藩主の仁恵により、代々遊行上人が布教する道場と定められた、そこで歌を贈る、「遊行上人は熊野権現の神輿を担いで来て、阿弥陀如来の

誓願を世間に弘めていきたいと思う」、とのことである。

十一月十八日、尊祐は午前六時岡山を出発し、赤穂に向かった。

傾心

五六代傾心が岡山城下に廻国してきたのは文政九年（一八二六）十一月八日～十八日、一〇泊一一日であった。この時傾心は美作国津山から船で川を下っているが、その船はいずれも岡山藩が用意したもので、高瀬船一艘に上人が乗り、高瀬船三艘に随伴僧が乗り、高瀬船六艘は荷物舟、そのほか雪隠(せっちん)船一艘の合計一一艘であった。津山から吉井川を周匝(すさい)～佐伯～一日市(ひといち)と下り、一日市で下船、十一月十八日傾心は岡山城下浄土宗常念仏寺へ入った。随伴の僧侶達は、修領軒は大福寺、洞雲院は円常寺、興徳院は大楽院、東陽院は玉峰院にそれぞれ分宿している。一行の僧侶は二九名。

十一月九日にはまず町会所に到着の報告をし、それから藩主の分家・家老・役人宅を訪問、岡山に到着したことを報告している。

十一月十一日には、五つ半時（午前九時）行列を組み領内の東照宮に参詣している。『遊行・在京日鑑』によると、

東照宮へ御参詣、御初穂鐚(びた)壱貫文お備え、阿弥陀経御法楽、次に浄土宗御霊屋(おたまや)へ御参詣、青銅壱貫文お備え、仏身観御回向、次に天台宗御霊屋へ御参詣、青銅壱貫文お備

え、仏身観御回向遊ばされるなり、

とあり、傾心が東照宮に参詣し阿弥陀経を読み、銭一貫文を供え、ついで別当寺の浄土宗台崇寺に参り、同じく別当寺の天台宗利光院に参詣している。いずれにも銭一貫文ずつ供えている。東照宮は全国の大名領に勧請(かんじょう)されたが、そこには徳川家康像と徳川秀忠像が祀られている。岡山に東照宮が勧請されたのは正保二年（一六四五）のことである。東照宮には必ず別当寺が二つ設置された。天台宗寺院が徳川家康の霊牌を、浄土宗寺院が徳川秀忠の霊牌をそれぞれ祀っている。岡山藩の場合、浄土宗台崇寺が創立されたのが正保四年（一六四七）と伝えているので、同じころ天台宗利光院も成立したと思われる。

岡山藩は、傾心が滞在した常念仏寺をはじめ、その他四ヵ寺のすべての畳替え、襖・障子の張替えを行っている。滞在期間中は毎日三度の勤行とその後の化益・賦算を行っているが、その間岡山藩の家老をはじめ多くの侍や足軽・町名主などが連日宿坊に詰め、警備にあたった。

十一月十三日からは宝物開帳を行っている。家老をはじめ、多くの人々が訪れた。またこの時は傾心がかなり加持祈禱を行っている。たとえば十一月十二日二六名、十三日三四名、十四日七〇名、十五日「加持願い数多(あまた)これあり、御番方大混雑のこと」とあり、十六日「百二十三名これあり、当所御滞留中御守類沢山出る」としており、民衆の加持祈禱に対する関心が強かったことが窺える。

十一月十四日には傾心は町会所を通じて藩主池田斉政と池田掃部介(かもんのすけ)へ神勅の御札・武運長久御守の箱入りを献上、分家にも同様の札・守、家老六名には雷除御守・神勅の御札をそれぞれに献上。十五日には係りの役人をはじめ世話にあたった者たち一八五名へ札・守を授与している。

十一月十六日、藩主から寺社奉行を通じて回向料として金一〇〇〇疋(銭一〇貫文)が届けられた。なお家老六名からも初穂金として金三〇〇疋(銭三貫文)ずつが届けられている。

十一月十八日、傾心一行は岡山を出発し、赤穂に向かった。

一　念

五七代一念が岡山城下を訪れたのは安政元年(一八五四)五月二十一日~六月一日であり、一〇泊一一日であった。藩主は池田慶政、一念の宿坊は常念仏寺であった。随伴者の宿舎はこれまでと同様の大福寺・大楽院・円常寺と今回は徳与寺であった。これまでの定宿であった玉峰院が「大破につき」というのが変更の理由であった。一念一行の数は一九名であった。

一念の廻国経路はこれまでとは異なり、姫路～竜野～赤穂を経由して岡山に入り、その後備中松山に抜けている。

岡山藩の対応は前回と同様に『遊行上人馳走留』（岡山大学池田家文庫）によると、「ご馳走の儀、先年公儀御触もこれあり、その上厳しき御取り縮・御倹約の儀ゆえ、随分省略の段相心得」とあり、先年の触書もあるのでなるべく簡潔に接待するよう指示している。一念の宿舎常念仏寺も「繕作事・畳表替」程度であった。また食事についても三石～藤井に至る昼食は上人へ一汁三菜香物付・僧中へ一汁二菜香物付・中間へ一汁一菜香物付と、至って質素であった。また幕府朱印の五〇匹・五〇人の人足に対して岡山藩は馬二五匹とし、残りは人足代に当てることとし、この外に五〇人の人足を手配している。夏であるので農耕馬の徴集ができなかったと思われる。しかしこのような変更は幕法が出される以前は考えられなかったことである。

岡山滞在中の一念は毎日三回の勤行とその後に化益・賦算を行っている。また城下の東照宮並びに藩主の御霊屋（墓所）へも参詣している。閏五月二十八日には滞在中お世話になったお礼として、藩主には神勅の御札・武運長久守一箱、寛影様へは神勅の御札・守護名号、そのほか神勅の御札・除雷守六つ・疱瘡守二つを、修領軒が町会所に届けた。

藩主からは一念に対して五月二十七日先代藩主回向供養のお礼として金子一〇〇〇疋（銭一〇貫文）が渡され、翌日二十八日には銀子二〇枚（金一四・三両）・饂飩粉一捲・椎茸一箱・海苔一箱が届けられている。

一念は岡山城下での布教活動を無事終了し、六月一日次の布教地である備中国松山城下へ向かった。

岡山藩の遊行上人への対応を検討してきたが、幕法が出される以前とその後では接待の方法が明らかに違っていることがわかる。また遊行上人側も法令以後は随伴者の人数も縮小するとともに、接待の内容もなるべく簡素にしてほしいと申し入れている。しかし廻国布教はよほどのことがない限り取りやめてはいない。岡山にやってきた一〇名の遊行上人のうち、凶作のため廻国を中止したのは五〇代快存のみであった。

次に一遍が時宗開宗にあたって示現を受けた熊野権現に参詣するため歴代上人が訪れる熊野参詣について説明する。

熊野参詣

熊野と遊行上人

熊野参詣の一行

一遍が熊野権現から賦算をせよと示現を受けたその熊野権現への参詣は、江戸時代の遊行上人も続けて行っている。『遊行日鑑』が残っている四九代一法、五二代一海、五三代尊如、五四代尊祐、五六代傾心の五人についてみたのが表6である。

遊行上人が熊野に出掛けた時の年齢を記入してみると、最も若いのが一法で五六歳、最も高齢者は一海で七五歳である。その他はいずれも六五歳~七〇歳である。相模国藤沢の清浄光寺を出発し、まず北関東から陸奥・出羽を廻国し、さらに南下し北陸・中国・九州まで辿り、その後四国から山陽道を経て京都に入り、天皇から上人号の勅賜を受けて大坂・和歌山を経て熊野三山に参詣するのであるから、老齢にさしかかった遊行上人にとっては長旅の疲れもあり苦しい旅程であったと思われる。

熊野三山参詣の折には遊行上人の随身者は、僧侶と下男（奉公人）・大衆（弟子僧）であるが、大衆の参加が記されているのは五二代一海の時のみである。また四九代一法の時は下男の参加も記されていない。このように記載にやや不備な面もあるが、一般的にいえば僧侶は最低一三名、最高一六名、下男は六〜七名といったところが随身者の数である。大衆も数は記されていないが、おそらく二〇名前後であったと推定すると、遊行上人一行は四〇名前後の集団であったと思われる。五六代傾心の時の記録が『遊行・在京日鑑』に記されているが、六月二日の条「一、随伴僧二十一人（役僧二人・大衆一七人・末寺二人）、一、俗九人、一、御仲間三十六人、外に二人安養寺分」とあるので、総勢六八名の大集団が和歌山から藤代まで通行している。

和歌山藩主は、この表の五人の遊行上人巡行の時は徳川宗直〜徳川斉順の時代である。ところで、藩主よりの保護は第一に遊行上人一行の宿泊費の支払、ついで表にみるように藩の侍と人足と駕籠・馬・船などの支給である。四九代一法の時の『遊行日鑑』には記されていないが、この時も当然のことながら同程度のものが支給されたと思われる。

藩主よりの賄	出典
	『遊行日鑑』1
和歌山～藤代人足36名・駕籠5丁・馬5匹・侍4名・藤代～熊野人足25名・駕籠5丁・馬5匹・侍4名・船11艘	『遊行日鑑』3
和歌山～藤代人足36名・駕籠5丁・馬5匹・侍4名・藤代～熊野人足25名・駕籠5丁・馬5匹・侍4名・船9艘	『遊行・在京日鑑』4
和歌山～藤代人足36名・駕籠5丁・馬5匹・侍4名・藤代～熊野人足25名・駕籠5丁・馬5匹・侍4名・船5艘	『遊行・在京日鑑』7
和歌山～藤代人足36名・駕籠5丁・馬5匹・侍3名・藤代～熊野人足25名・駕籠5丁・馬5匹・侍3名・船12艘	『遊行・在京日鑑』11

名寺）

和歌山藩の対応　熊野三山参詣の時は往復一四～五日はかかるので、この間和歌山藩はつきっきりで世話をすることになった。熊野参詣のコースは和歌山～藤代までと、藤代～熊野三山までの前後半二つに分けている。前半は侍四名・人足三六名・駕籠五丁・馬五匹、後半は侍四名・人足二五名・駕籠五丁・馬五匹、船はその時にもよるが、おおむね一〇艘前後といったところである。いずれも藩主からの接待である。たとえば、五六代傾心の場合は文政十年（一八二七）六月二日、和歌山藩から提供を受けた人足の役割分担を次のように記し

表6　江戸時代の遊行上人熊野参詣日程

世代	上人名	年齢	熊野参詣の期間	随身者	和歌山藩主
49	一法	56	享保4年(1719) 6.16～29	僧13名	徳川宗直
52	一海	75	宝暦10年(1760) 6.19～7.6	僧13名・下男6名・大衆20名	徳川宗将
53	尊如	65	安永5年(1775) 6.3～19	僧16名・下男7名	徳川治貞
54	尊祐	67	寛政12年(1800) 5.14～29	僧15名・下男6名	徳川治宝
56	傾心	69	文政10年(1827) 6.14～30	僧15名・下男6名	徳川斎順

参考文献　圭室文雄『遊行日鑑』第1巻・第3巻（角川書店）
　　　　　高野　修『遊行・在京日鑑』第4巻・第7巻・第11巻（東京・称

ている。

和歌山から藤代までは、

一、御免傘二人、一、御先箱(おさきばこ)二人、一、台笠一人、一、立傘一人、一、陸尺(ろくしゃく)八人、一、日笠一人、一、用挟箱二人、一、役駕籠四人、一、長柄(ながえ)一人、一、両掛二人、一、茶弁当一人、一、合羽籠(かっぱ)三人、一、長持(ながもち)八人（御朱印は神輿(みこし)の内也）、以上三六人

藤代から熊野までは、

一、乗物八人、一、立傘一人、一、日笠一人、一、用挟箱一人、一、合羽籠三人、一、両掛二人、一、茶弁当一人、一、長持八人、〆(しめ)て

二五人、

と記されており、この両行程に共通するのは立傘・日笠・両掛・茶弁当・合羽籠・長持である。前半の御免傘・御先箱・台笠・陸尺・役駕籠・長柄は後半にはない。後半にだけあるのは乗り物である。

またこれに先立って和歌山藩寺社奉行は六月二日次のような項目について、和歌山時宗安養寺に対して問い合わせている。

一、遊行上人先年大納言様藤沢寺（清浄光寺）へお立ち寄りの節、お目通りえ出でられ候例に候や、若し御意などこれありたる例はこれなきやのこと、

一、上人生国はいずかたと、年齢も何歳に候や、

一、これまで相廻り候国々はいずれ、いずれが相済み、これよりは何国を相廻り候やのこと、

一、いつ頃より住職にて何年廻国に出で候やのこと、

一、江戸表へいつ頃参られ候や、

と、和歌山藩寺社奉行はこの五ヵ条について問い合わせた。要約すると、①遊行上人と和歌山藩主が本山清浄光寺で会ったことがあるかどうか、②五六代傾心の生国と年齢、③こ

れまで廻国した地域とこれから廻国する地域、④いつから清浄光寺の住職になり、いつから遊行廻国の旅に出たのか、⑤江戸で将軍にあったのはいつか、などである。

これに対する遊行上人側の回答は修領軒が次の通りにしたためている。

一、大納言様（和歌山藩主）先年藤沢山（清浄光寺）え御立ち寄りの節、上人御送迎幷に御目見、御懇ろの御意を蒙り、十念・御札御請け遊ばされ、お菓子幷御蕎麦など差し上げ、大納言様よりお菓子・御目録など頂戴いたし候、あいついで役僧共も御目見仰せつけられ、これまた御目録など頂戴いたし候、

一、上人奥州白河の産、当亥（文政十年＝一八二七）六十九歳にて御座候、

一、去る申（文政七年＝一八二四）四月十九日参府（江戸）、諸事に加え、先般登城継目（遊行上人相続）のお礼、御朱印（伝馬朱印）頂戴、御暇の御時渡拝領（ママ）、同申七月下旬甲州路修行、甲府一蓮寺にて越年、翌酉年（文政八年）信州より木曾道、美濃・近江・越前・若狭・丹後・但馬・因幡・伯耆・出雲・備後・安芸・周防・石見・長門・豊前・筑前・博多にて越年、去る戌年（文政九年）九州・四国一円、十月中備後鞆津へ渡海、備中・美作・備前・播磨・摂州兵庫にて越年、当春大坂より御城下え巡行いたされ候、是より大和路より上京（京都）、参内相済み次第、東海

道筋勢州津修行、それより尾州・三州大浜と申すところにて越年、明子年（文政十一年）四月頃藤沢山へ帰えられ候心得に御座候、

一、上人藤沢山住職は去文政四巳年（一八二一）入山、前書の通り申年四月遊行廻国に罷り出で候

とあり、和歌山藩寺社奉行に安養寺の取次で提出している。

五一代賦存の時は、熊野参詣につき和歌山藩は対応できない旨通告した。『遊行日鑑』宝暦四年（一七五四）三月、二十三日の条によれば、安養寺は京都七条金光寺に滞在していた賦存に対して次のように報告し、熊野参詣を中止するように申し入れた。

近年殿様御倹約につき、諸家中并町在まで困窮に付き、御修行無用に遊ばさるる旨、再三願出で候ゆえ、よんどころなく差し除き遊ばされ候、困窮と申す事、諸国一統に候ところを遮りて差し止め候事、自分（安養寺）において御移りうけ候事難儀に存知候

と、和歌山藩領で倹約令が施行されているので賦存の廻国を拒否している様子がわかる。

五二代尊如の時は『遊行・在京日鑑』によると、安永五年（一七七六）六月八日本宮参詣の折は、

御拝殿新しく出来、一間四方畳二畳敷き込み、其の上に莫蓙一枚敷く、尤も新しき莫蓙に候、尊躰この上に御のぼり、大衆そのほか御拝殿の廻りに莫蓙十枚ほど敷き、その上におり、尊躰はじめ大衆三拝、阿弥陀経、三念仏神力演大広の文にて日想観相済み、願わくの文にて足る、

とあり、拝殿を前回と同様一坪のものを作り畳二畳を敷きこみ、其の上に莫蓙を敷いている、一方この拝殿の周囲に莫蓙一〇枚ほどを敷き、そこへ大衆を座らせている様子がわかる。

次に元祖名号石に参拝している。

村入り口に橋これあり、右橋の向いに元祖上人御名号大岩に切りつけ、御拝のところえ薄べり五六枚仕度これあり、三礼・四誓偈・念仏・御回向遊ばされ、尊躰御名号をわざわざ御拝遊ばされ候、それより東光寺えお入り、

とあり、回向を終わってから東光寺へ立ち寄り、住職と庄屋二人に元祖上人名号石の管理を依頼して、灯明料として銭一貫文を渡している。その後本宮から船で川を下り、志古で下船、ここから一里半ほどの山上に万歳峰名号石があり、そこでも回向をした。山上と船着場でも賦算化益を行っている。それよりふたたび乗船し、新宮で下船、熊野新宮に参詣

している。

御拝殿本社より六七間はなれ新たに出来、まわり三方杉の葉にて囲い、一間半奥へ一間、など本宮と同様なり、御回向も右同断

とある。新宮でも本宮同様新しく拝殿を作っている様子がうかがえる。このことは熊野那智宮でも「新宮・本宮の通り御法楽、もっとも拝所出来」とあり、本宮・新宮同様の参拝法式をとっていることがわかる。なお拝所（拝殿）も新しく作っている様子もわかる。これは近世中期以降京都吉田神宮の指令で唯一神道化が進み、神社の正式な拝殿に僧侶を入れなくなり、そのため遊行上人の参拝は杉の葉で囲った一坪四方の拝殿を臨時に作りそこで参拝させていることがわかる。

熊野参詣とお札

遊行上人が熊野参詣に用意した札と守

第五六代傾心が文政十年（一八二七）熊野参詣の折、和歌山安養寺で準備した札と守を書上げたのが次の表である。総計一万三六七〇枚であるが、これはあくまで二週間分の数である。

札と守のうち圧倒的に多いのが「疱瘡除守」である。全体の約七三％にあたる。これは当時の人々にとって疱瘡がいかに恐ろしい病気と認識されていたかがわかる史料である。疱瘡が流行すると村単位・郡単位で患者が激増し、特に幼児が数多く死亡した例は枚挙に暇がないほどあり、これは全国各地の寺の過去帳を検討すると疱瘡が流行した時期には幼児の戒名が数多く出てくることからもわかる。つまり、疱瘡に対して遊行

表7　遊行56代傾心上人が熊野参詣で準備した守・札

守・札の種類	守・札の枚数
疱瘡除守	10,000
血脈	1,000
小名号	1,000
安産守	800
草守	300
行守	200
草名号	200
行名号	100
除矢守	20
除雷守	20
横物	20
生瀧守	20
半切名号	10
合　計	13,690

『遊行・在京日鑑』 1827年現在

上人の祈禱守が極めて有効であると信じられていたことが、この大量の守の数字からよくわかる。それについで多いのは「血脈」「小名号」「安産守」である。この外では「草守」「行守」「草名号」「行名号」などもかなりあることがわかる。わかりにくい札守について若干の説明をくわえると、「小名号」とあるのは名号すなわち「南無阿弥陀仏」の小さなお札である。「草守」「草名号」はいずれも草書体で書かれた札守のことである。「行守」「行名号」も行書体のものを指すと思われる。「除矢守」「除雷守」はいずれも矢除け・雷除けの守である。「横物」とは横書きの「南無阿弥陀仏」である。「半切名号」は半紙の半分に書かれた名号であろうか。「生瀧守」については、詳細はわからない。

熊野参詣の道中で配ったお札

さてそれでは遊行上人が熊野参詣をした二週間で、どのようなお札を、どこで配ったかをみてみよう。史料は五四代尊祐の時の『遊行・在京日鑑』である。

表8にみるように、ここには札守の配布については全行程一五泊一六日のうち前半の七泊八日分しか記されていない。後半の日程のところはいずれも「所の者化益（けやく）あり」とか、「沢山あり」などの記載しかなく、まったく実数が入っていないので、数量が把握できない。これはこの日鑑を担当する僧侶が交替したためと思われる。前半は割合几帳面な人物、後半はそうではなかった人物であったと思われる。それゆえこれから記す実数のほぼ二倍が総数であろうと思われる。

それでは前半の部分が正確かといえば、これまたすべてが記されているわけではない。先述のように札・守ごとの内容が記されているわけでもなく、「化益・賦算（ふさん）」と「疱瘡守」のみの記載もある。また「疱瘡除守夥（おびただ）しく出る」などの表現も多く、実数がつかめないところも多々ある。一方で「化益・賦算」の場合もすべての日に渡って記載されているわけでもなく、「所の者化益あり」と記されているところも五ヵ所ある。以上のようにかなり限定付きの史料ではあるが、とりあえず「化益・賦算」「疱瘡除守」の数字を拾い出してみると、この両方の札・守が配布されたのは主として宿泊場所・休憩場所である。配った「化益・賦算」は実数三万九三二〇枚、「疱瘡除守」は三二〇〇枚である。後半の部分の記載がないのでこれを単純に二倍してみると、「化益・賦算」は七万八六四〇枚、「疱瘡除

表8　遊行54代尊祐上人化益の場所と枚数(熊野参詣期間)1800.5.14～28

	月日	村	場　所	化益札枚数	備　　考
1	5.14	中島	教西寺	400～500	
2		内原		所之者化益有	
3		藤代	浄土宗浄土寺	1400～1500	
4		峠	地蔵堂	所之者化益有	
5		橋本	平助	500～600	
6		宮原	滝川喜太夫	1100	
7		湯浅	浄土宗深専寺	1600	疱瘡除守1000
8	5.15	〃	浄土宗深専寺	600～700	
9		〃	浄土宗深専寺	20	世話人のみ
10		鹿ケ瀬		500～600	
11		原谷		500～600	
12		富永		400～500	
13		小松原	浄土宗九品寺	2000～3000	疱瘡除守1000
14		塚屋	庄屋庄助	1000	疱瘡除守　夥しく出る
15		上野	浄土宗極楽寺	600～700	
16		印南	浄土宗東光寺	700～800	
17	5.16	西之地	熊野屋新兵衛	1000	
18		岩代	庄屋専助	400～500	
19		南部	鈴木時助	1200～1300	
20		坂口	甚兵衛	200	
21		田辺	浄土宗浄恩寺	3000	疱瘡除守1200
22		三栖	曹洞宗尋声寺	2000	疱瘡除守　夥しく出る
23	5.17	三栖	曹洞宗尋声寺	500～600	
24		水無峠	立場　喜兵衛	600～700	
25		拾丁峠	茶屋源吉	500～600	
26		近露	長瀬喜八郎	1000	疱瘡除守　夥しく出る
27	5.18	野中	庄屋源右衛門	500	
28		ぬのを坂		所之者化益有	
29		□門	茶屋	600～700	
30		湯之川	湯川亀右衛門	化益数多あり	
31	5.19	本宮	神楽殿前	1500～1600	
32		小栗車塚	茶屋	所之者化益有	

33		湯之峰	東光寺本堂	1500～1600	
34	5.20	志古	船場にて	800	
35		新宮	船着場		参詣者如雲群集也
36		新宮	住吉庄兵衛	4000	
37	5.21	那智	大社宝前	6000	
38	5.23	船見峠	茶屋久治郎	所之者化益有	
39		一村峠	茶屋	所之者化益有	
40		桜	茶屋	所之者化益有	
41		石堂	茶屋小鉢	所之者化益有	
42		松はた	角屋伊右衛門	所之者化益有	
43	5.24	伏拝		所之者化益有	
44		湯之川	湯川亀右衛門	所之者化益有	
45		野中		所之者化益有	
46	5.25	芝	真砂類治郎	所之者化益有	
47		塩見峠	茶屋	所之者化益有	
48	5.26	松原		所之者化益有	
49		御子田		所之者化益有	
50		南部	鈴木時助	所之者化益有	
51		西岩崎		所之者化益有	
52		北本		所之者化益有	
53	5.27	上野	極楽寺	所之者化益有	
54			船渡し場川岸	所之者化益有	
55		小松原	浄土宗九品寺	所之者化益有	沢山あり
56		獅子ケ峠	茶屋	所之者化益有	
57	5.28	峠	茶屋	所之者化益有	
58		藤代峠		所之者化益有	

参考文献　高野　修『遊行・在京日鑑』より作成

熊野街道和歌山からのコース

海南市藤代峠～糸我～湯浅～鹿ケ瀬峠～御坊市小松原～切目～岩代～田辺～三栖～岩田～滝尻～高原～近露～道場川～発心門～伏拝～本宮～新宮～那智

守」は六四〇〇枚である。ところで「疱瘡除守」は先述の史料で一万枚用意しているので、あるいはもっと配ったとも考えられる。「化益・賦算」の札は一六日分で割ってみると一日平均四九一五枚ということになる。しかしこれは驚くべき数字ではなく、一人で二枚も三枚ももらう人がおり、枚数と人数はかならずしも一致しないと考えていいと思う。しかし民衆の側からいえば遊行上人の廻国を熱心に歓迎し、その利益にあずかろうとしていることは間違いないところである。

熊野三山での「化益・賦算」をみると、本宮神楽殿前では一五〇〇～一六〇〇枚、湯之峰東光寺では一五〇〇～一六〇〇枚、志古船場では八〇〇枚、熊野新宮船着場では「参詣者雲の如き群集なり」、熊野新宮では四〇〇〇枚、熊野那智では六〇〇〇枚、とみえている。これらの場所では地元の人たちだけではなく、熊野三山の参詣者や西国三十三観音霊場第一番札所金剛宝寺へ参詣していた人々にも配ったものと思われる。ともあれ、江戸時代の庶民の遊行上人に対する信仰は、全国各地で熱狂的に受け入れられていたことがわかる。

遊行上人の宿泊所と参詣場所

五二代一海~五六代傾心が熊野参詣の途中に休憩・宿泊した場所が表9である。

歴代遊行上人もほぼ同じところで休憩・宿泊しているので、この表に従って考えてみると、

上人が休憩・宿泊したところ

熊野参詣は和歌山城下時宗安養寺を出発点としてふたたび安養寺に戻ってくるのに約二週間かかる。熊野三山参詣のコースは和歌山~藤代~湯浅~小松原~印南(いなみ)~南部(みなべ)~田辺~中三栖(なかみす)~芝~近露(ちかつゆ)~湯之川~熊野本宮~熊野新宮~宇久井~熊野那智~小口~熊野本宮~湯之川~近露~芝~中三栖~田辺~南部~印南~小松原~湯浅~橋本~藤代~和歌山と辿

っている。

このコースは庶民が熊野三山参詣をするとき割合楽なコースでもあり、一方多くの参詣者の宿泊施設も多く、遊行上人としては札・守を配るのには都合がいいコースであったともいえる。

備　　考
54＝東光寺　56＝浄恩寺
54＝鈴木時助
56＝宇井沢右衛門
54＝真砂類左衛門　56＝真砂伝左衛門
53＝見性寺　54＝野長瀬喜八郎　56＝野長瀬兵三郎
56＝湯川与兵衛
53・54＝尾崎内膳　56＝尾崎直江
53＝武太夫　54＝住吉屋庄兵衛　56＝伝馬屋弥七
53＝横田治右衛門　54＝石垣徳兵衛　56＝定四郎
54・56＝宝蔵院
53＝中村紋右衛門　54・56＝文左衛門
53・54＝尾崎内膳　56＝尾崎直江
56＝湯川千兵衛
53＝見性寺　54＝野長瀬喜八郎　56＝野長瀬兵三郎
54＝真砂類左衛門　56＝真砂伝左衛門
54＝深照寺　56＝宇井沢右衛門
54・56＝鈴木時助
54＝東光寺　56＝浄恩寺

表9　江戸時代遊行上人熊野参詣のコース

	郡名	村名	滞在場所	休・宿	52代 一海	53代 尊如	54代 尊祐	56代 傾心
1	和歌山	城下	時宗安養寺	出発	○	○	○	○
2		橋本	一向宗浄満寺	休憩	○			
3	名草	藤代	浄土宗浄土寺	休憩		○	○	○
4	有田	湯浅	浄土宗深専寺	宿泊	○	○	○	○
5	日高	小松原	浄土宗九品寺	休憩	○	○	○	○
6	日高	印南	浄土宗印定寺	宿泊	○	○	○	○
7	日高	南部		休憩	○	○	○	
8	牟婁	田辺	大年寄玉置惣右衛門	休憩	○	○		
9	牟婁	中三栖	曹洞宗尋声寺	宿泊	○	○	○	○
10	牟婁	芝	大庄屋真砂重蔵	休憩	○	○	○	○
11	牟婁	近露	野長瀬六郎	宿泊	○	○	○	○
12	牟婁	湯之川	湯川亀右衛門	休憩	○	○	○	○
13	牟婁	本宮	尾崎雅楽	宿泊	○	○	○	○
14	牟婁		船中	休憩	○	○	○	○
15	牟婁	新宮	とや弥七郎	宿泊	○	○	○	○
16	牟婁	宇久井	松原	休憩	○	○	○	○
17	牟婁	那智	橋爪坊	宿泊	○	○	○	○
18	牟婁	小口	中村文九郎	休憩	○	○	○	○
19	牟婁	本宮	尾崎雅楽	宿泊	○	○	○	○
20	牟婁	湯之川	湯川亀右衛門	休憩	○	○	○	○
21	牟婁	近露	野長瀬六郎	宿泊	○	○	○	○
22	牟婁	芝	大庄屋真砂重蔵	休憩	○	○	○	○
23	牟婁	中三栖	曹洞宗尋声寺	宿泊	○	○	○	○
24	牟婁	田辺	大年寄玉置惣右衛門	休憩	○	○		
25	日高	南部	大庄屋鈴木為右衛門	休憩	○	○	○	○
26	日高	印南	浄土宗印定寺	宿泊	○	○	○	○
27	日高	小松原	浄土宗九品寺	休憩	○	○	○	○
28	有田	湯浅	浄土宗深専寺	宿泊	○	○	○	○
29		橋本	一向宗浄満寺	休憩	○	○	○	○
30	名草	藤代	浄土宗浄土寺	宿泊	○	○	○	○
31	和歌山	城下	時宗安養寺	帰宿	○	○	○	○

注　圭室文雄『遊行日鑑』・高野　修『遊行・在京日鑑』より作成

五二代一海一行が宿泊した場所は、湯浅浄土宗深専寺二泊、印南浄土宗印定寺二泊、中三栖曹洞宗尋声寺二泊、近露野長瀬六郎二泊、熊野本宮尾崎雅楽二泊、熊野新宮とや弥七郎一泊、熊野那智橋爪坊一泊となっている。二泊しているのは行きと帰りに同じところに泊ったことを示している。遊行上人が寺院を宿泊場所にする時は原則として時宗の寺であるが、その地に時宗の寺がない場合には浄土宗の寺に泊まる例が多い。ここでは曹洞宗尋声寺にも二泊しているが、全国各地を歩く場合曹洞宗の寺に泊まる事例はきわめて少ない。その他の宿泊所は大庄屋クラスの家と、熊野本宮と熊野那智では境内の神官宅に泊まっている。休憩した場所も大庄屋宅が多かったが、寺の場合はやはり浄土宗の寺が多い。一向宗・時宗の寺も一ヵ寺ずつ含まれている。また宿泊・休憩ともに行きと帰りは同じ場所で世話になっていることがわかる。

熊野三山参詣場所

遊行上人が熊野三山で参詣した場所が表10である。

ここでは五二代一海・五三代尊如・五四代尊祐・五六代傾心の四名の遊行上人についてみる。

四名の上人が共通して訪れた場所は熊野本宮では神殿・神楽堂・十二社・湯之峰元祖名号石・湯之峰入湯・東光寺薬師堂・万歳峰（ばんぜ）一遍上人名号石、熊野新宮では神殿・十二社・

経蔵・弘法大師不動明王・観音堂、熊野那智宮では神殿・千年堂・飛滝権現・滝見堂である。一遍ゆかりの湯之峰元祖名号石、万歳峰一遍上人名号石などにも参詣していることがわかる。

表10　遊行上人熊野三山参詣場所

	参詣場所	52代 一海	53代 尊如	54代 尊祐	56代 傾心
1	熊野本宮神殿	○	○	○	○
2	三之宮				○
3	神楽所（堂）	○	○	○	○
4	十二社	○	○	○	○
5	奥院				○
6	湯之峰元祖名号石	○	○	○	○
7	湯之峰にて入湯	○	○	○	○
8	東光寺薬師堂	○	○	○	○
9	万歳峰一遍上人名号石	○	○	○	○
10	熊野新宮神殿	○	○	○	○
11	十二社	○	○	○	○
12	経蔵	○	○	○	○
13	神松				○
14	御神船神輿倉 弘法大師作不動明王	○	○	○	○
15	宝蔵	○	○	○	
16	観音堂	○	○	○	○
17	熊野那智宮神殿	○	○	○	○
18	補陀洛寺・権現		○		
19	千本（千年）堂	○	○	○	○
20	飛瀧権現	○	○	○	○
21	十二社			○	○
22	護摩台			○	○
23	札所権現	○		○	
24	瀧見堂	○	○	○	○

参考文献　圭室文雄編『遊行日鑑』・高野修編『遊行・在京日鑑』より作成

ところで、熊野三山参詣については四九代一法の時から参詣方法に変化があったようである。つまり本来は熊野権現の大床（拝殿）に上がり参拝するのが作法であったが、この時期から熊野三山は大床への昇殿を拒否している。その理由を次のように述べている。和歌山藩寺社奉行真鍋五郎右衛門が説明するところによれば、

> 社家共神秘を申し候ゆえ、四十二年以前上人（一法）お越しの節何かと異論も候よし承り及び候、依って拙者共の所存は、大床の前に新たに御拝殿造立にて御拝みなられ候様に存じ候、左候て苦しからず候わば、三山ともに右の通りに致し申すべく候、訳は聖護院様（本山修験門跡寺院）・三宝院様（当山修験門跡寺院）お越しの節も右の通りにし候、紀伊殿（和歌山藩主）参詣候ても大床へ上がり申さず候

と、熊野権現側の言い分としては大床への昇殿は拒否すること、なぜならば神秘の場所であるから、その代わりに遊行上人が参拝するに際しては拝殿を新設する、としている。大床昇殿拒否の理由は聖護院門跡・三宝院門跡、さらには和歌山藩主にも昇殿を許していないから、としている。これだけでは理由がはっきりしないので、史料をもう少しみてみたい。以上のことに対して、遊行上人側は『遊行日鑑』の中で次のように申し述べている。

> 熊野山神勅にて宗門を始めて開き、それより大床に上がり来たり候外に規矩と申すは

> これなく候、然るに四十二年以前上人参詣の節は、彼の社頭唯一申したて、事やかましく、人口にもあいたまい候仕合、古法の通りと申すには、公辺相願候て、致すべき様子に候、左候わば手間取り候事、それまで当宗門も神慮に叶い候か、今もって繁栄ゆえ、報恩のため是非参詣仕度候、然るに当時唯一と申は四十二年以前の躰、手前において唯一にもかかっていろい申筋これなく、依っていずかたなるとも苦しからざる所にて神拝申したき所存に候、

とある。これを意訳してみると、

遊行上人が熊野参詣をしたいのは、熊野権現の神勅により一遍が時宗の賦算を始めたためである。もっともその時は大床に入り熊野権現に参拝したこと、ところが四二年以前四九代一法が熊野参詣をした時は近世になって吉田神道が展開し、唯一神道が盛んになり仏教者を拝殿にいれぬようになったこと、それゆえ一法と神官たちが対立したこと、しかし今回このことで論争するには幕府に訴訟を願い出て対決せねばならず、そのことでは手間取ってしまうので、そのような法式はとらない、私どもとしては、一遍いらい時宗がますます発展してきたのは、熊野権現の神慮に叶ったものと思うので、報恩のために参詣したいと思う。大床以外の場所でも結構なので、熊野権現に参詣させてほしい、としている。

これに対して和歌山藩の寺社奉行は次のように答えている。

> 左候わば、社家共神秘と申にもさわり申さず、御殊勝の思し召し、いよいよ新たに拝殿建て候よう役人共差し遣わすべし、もっとも末代まで右のとおり違変これなきように、当役所の記録にも相記し申すべく候、なお三山社人共相招き申し付け置くべく候、

早速熊野三山の神官たちを呼び寄せ、現在ある拝殿とは別に新しく拝殿を建てさせること、このことは後年も遊行上人が参詣することがあるので、記録に留めておくこと、など記している。

宝暦十年（一七六〇）六月二十五日遊行上人五二代一海は熊野本宮に参詣しているが、「新しき一間四方、畳二畳敷きこみ、その上に莫蓙（ござ）一枚敷き、もっとも新敷物にて、尊躰（そんたい）ばかり右の上に登り、云々」と記されており、わずか一間四方の拝殿が作られそこで熊野権現に参拝している様子がわかる。

この時、熊野本宮で出迎えた神官は『遊行日鑑』によれば「本宮社家覚」として次のように記されている。

> 本社家拾九人、社家中座七人、同西座社人十四人、右の外小社人三拾人、神人（じにん）廿四人、
> 楽人六人、社役人六拾人余

と、総勢一六〇名に及ぶ人たちが出迎えたようである。その後湯之峰元祖御名号石に参詣している。「大岩石に彫りつけ之あり」と記されている。その後熊野本宮から船一艘で川を下り、途中志古で下船、それより一里半の山道を登って万歳峰に到着、名号石に参拝した。この時一海は名号石を修理している。その後船下りして新宮に到着している。

熊野新宮に一海が参拝したのは六月二十七日のことであった。拝殿に上がることは許されず、新しい一坪半の拝所での参詣であった。その後は熊野那智宮に向かっている。ここでは「拝所新たに出来、勿論立つる所は石垣の下に相建て候」と、熊野三山の中では最も待遇が悪かったことがわかる。しかし郡奉行渡部弥一郎の配慮により、山内乗り物禁止のところも乗り入れることができ、老齢の一海が感謝している。渡部が「行守名号」を所望していたので、そのほかにも「安産守」「疱瘡守」を渡している。なおこの時の熊野那智宮は社僧三二坊とあり、一方新宮は「惣検校衆徒八人・神官八人・社僧十七人・相野禰宜三拾弐人・神民六人・堂下四人・管弦三人・楽人四人・八乙女三人・潮神子拾人」の総数九五名を書上げている。

次に、遊行上人に民衆が求めた利益について検討してみたい。

遊行上人の布教活動と収入

供養と祈願

ここでは遊行上人が行った施餓鬼供養・病気平癒の祈願・安産祈願とお礼参り・過去帳入り・加持祈禱・化益・賦算などについて検討してみたいと思う。

施餓鬼供養

施餓鬼とは本来は悪道に堕ちて飢渇に苦しむ衆生に飲食を施す法会のことであるが、その後形が変わり、亡霊供養のために行われるようになり、その法会の期間は七月一日〜十五日に行われることが多い。

五二代一海が但馬国（兵庫県）竹野の時宗興長寺に滞在していた折、宝暦九年（一七五九）十一月八日の条によると（『遊行日鑑』）、

ヌカムシ田畑えつき候間、御施餓鬼供養奉たき由、近在八か村より願出る、十日にお勤めあそばされ候筈に申し渡し候

と、一海のもとに近在の八ヵ村から虫害のため施餓鬼供養を依頼してきたことが記されている。一海は十一月十日に施餓鬼会を行う事を回答している。十一月十日の条には、

大庄屋組下八か村近年耕作え虫つき候ゆえ、年々諸々にて祈禱候えども、施しこれなき由、これにより御施餓鬼あい願い候に付き、日中過ぎ御執行遊ばされ候、棚を大庭に出し、水向き（みずむけ＝霊前に水を手向けること）に尊躰おいで遊ばされ候、念仏のうち大庄屋ならびに名主中焼香し候、終りてお礼として大庄屋御番方まで遣わされ候、その節八か村え御名号一幅ずつ下され候、もっとも幡(はた)とも下され候、またもっとも御布施尊躰金弐両、大衆銀一枚、他に金百疋御供物料上る、

（『遊行日鑑』）

とある。意訳すると、この地方の大庄屋が支配している八ヵ村は、田畑が近年虫害に悩まされており、毎年いろいろの神仏に祈禱をたのんでいるが、一向にその利益がない、そのため今回一海上人に施餓鬼供養をお願いする次第である。昼の勤行(ごんぎょう)が終了してから一海が供養を行った。大庄屋と八ヵ村名主(なぬし)も焼香をした。終わってから大庄屋が番方までやっ

てきて布施金として一海に金二両、大衆の僧へは銀一枚ずつ、そのほかに供物料として銭一貫文をさしだした。これに対して一海は八ヵ村へ名号札（南無阿弥陀仏の札）一幅ずつと、幡、本来幡は仏菩薩を供養する仏具の意味であるが、この場合は遊行上人が布に「南無阿弥陀仏」の名号を書き入れた布と思われる。これを八ヵ村に一枚ずつ配っている。この幡を田畑に立て虫を退散させたものであろう。

ともあれ遊行上人が施餓鬼を行い、虫を退散させる利益を与える人物と思われていたことがうかがえる史料である。この後の記事は残っていないので果たして虫が退散したかどうかはわからない。

尊祐の施餓鬼供養

五四代尊祐が京都で行った施餓鬼供養の実態について紹介してみる。

期間は寛政八年（一七九六）七月十五日から寛政十二年三月十九日までである。この間の施餓鬼会は五二件にのぼる。次に施餓鬼会が行われた時期をみてみると、一月から十二月までの期間にいつでも行っており、盂蘭盆会の時期に集中しているわけではないし、現在寺で行われているように毎年特定の月日に固定して行っているわけでもない。祈願者の希望があればいつでも対応しているのが実態である。

施餓鬼会の時は尊祐から祈願者が「十念」を受けるのが一般的であり、全体の五二件のうち二八件ある。そのほかについては何も記されていないが、その多くは「十念」を受けたと思われる。この時布施として尊祐にどの程度の金額が渡されたのか、最も多いのが「金一両・銀二匁〜三匁」である。一二件ある。ついで多いのが「銭四貫文」で、一二件ある。おそらくこのあたりが施餓鬼料の相場であろうと思う。

施餓鬼会の場合、供養の対象者は一家で一霊の亡霊供養であることが多いが、たとえば寛政九年九月十七日の条によると、「島原茶屋三拾五軒より施餓鬼相願、即ち御修行遊ばされ候、大衆中へ赤飯到来す、施主中書院にてお札・御十念くださる」とあり、京都島原の茶屋の主人たち三五軒が施餓鬼供養を行っており、これらの人々から七条金光寺の大衆（修行僧）にまで赤飯が届けられていることがわかる。施主たちは金光寺の中書院で尊祐からお札をもらい十念を授けられている。おそらく島原で亡くなった遊女たちの亡霊供養であったと考えられる。

寛政十一年三月十五日には再度島原から施餓鬼願いが出されている。「今日中引次ぎ施餓鬼御修行これあり候、施主島原中より相願、金一両・盛物料三匁・御膳料六貫三百文来たる、六拾三名なり」とみえる。この場合六三霊の亡霊供養を一度に行っているのは注目すべきことと思う。布施金としては金一両・銭三匁を出している。またこのほかお膳料として銭六貫三〇〇文が支払われた。一霊につき銭一〇〇文の布施にあたる。

次に毎年施餓鬼供養を行っている人の例をあげてみよう。寛政八年四月十四日「木村弥右衛門先祖回向の施餓鬼御修行これあり、（中略）仕度院代寮、納所方（なつしよかた）にて世話いたすなり、これは経蔵施主ゆえ恩徳報謝のため、毎年執行これある由なり」と七条金光寺に経蔵を寄進した木村弥右衛門が先祖供養のため施餓鬼を行っている。一方金光寺は木村弥右衛門の先祖供養施餓鬼を毎年行うことを約束している。

寛政九年四月二十四日、木村弥右衛門は施餓鬼供養を行っているが、金光寺側も木村弥右衛門が有力な外護者であるので丁寧にもてなしている。「門中残らず出勤これあり、僧衆三十六僧、お布施百疋ならびに御菓子献上す、大衆へ白銀一封ならびに菓子でる、弥右衛門家内御十念にあがる」とあり、金光寺の僧侶が総出で施餓鬼供養を行っている。

寛政十年四月二十四日にも木村弥右衛門の記事がみえる。

例年の通り経蔵施主施餓鬼御修行遊ばされ、経蔵施主木村弥右衛門幷に家内皆々御十念上がるなり、今日施餓鬼諸色、皆々御院代寮より致し候、門中所化出勤す、木村より赤飯・煮染（にしめ）二重献上するなり、大衆えも赤飯・菓子盆入り面々にきたる

とあり、経蔵施主家だけに遊行上人をはじめ金光寺も院代以下全員の僧侶が参加し、盛大

な法要であったことが窺える。木村家側も尊祐をはじめ全員の僧侶に赤飯や菓子を振舞っている。

寛政十一年四月二十四日にも木村弥右衛門は施餓鬼を行っている。「例年の通り経蔵施主施餓鬼、日中引次ぎ御執行遊ばされ候、もっとも例の通り御院代寮より出だすなり」とある。このように木村弥右衛門が毎歳施餓鬼会を行っていることは注目できると思う。

次にやや変わった目的での施餓鬼会を紹介してみる。寛政十一年十月八日、数珠開眼施餓鬼会が行われた。「大仏鐘鋳町智足庵諦焉百万遍数珠玉に御名号幷に行の名号も相願、御認遣わさる、今日数珠の開眼のため、御施餓鬼相願、日中引次ぎ御修行を遊ばされ候、御施餓鬼料一両・盛物料三百文きたる（中略）もっとも日中前施主家御十念でる、献上金百疋幷お茶二袋持参なり」大仏鐘鋳町の智足庵諦焉という人物が尊祐に対して百万遍念仏供養の折使用する数珠の玉に、名号（南無阿弥陀仏）を書いてもらい、さらに行名号（行書の名号）の付与を依頼している。尊祐はこれに快く応じている。その後「百万遍念仏数珠」の開眼供養のため、施餓鬼を願い出ている。この場合の施餓鬼は多分に亡霊供養的意味を持つと思われる。施餓鬼は正午の勤行の後に行われた。この時尊祐に献上されたのは施餓鬼料金一両・盛物料銭三〇〇疋、そのほか十念の献上金として銭一〇〇疋、茶二袋などであった。

以上みたように、施餓鬼供養の目的がいろいろあったことがわかる。

次に病気平癒の祈願を遊行上人に頼んだ例をみてみる。

病気平癒の祈願

歴代遊行上人に対して民衆は病気の平癒を祈願してきた。たとえば、五四代尊祐が京都滞在中に行った祈禱は七七件にのぼる。詳しくみてみると、このほかに病気全快御礼のため再度遊行上人を訪れているものが三四件ある。これらも以前病気平癒祈願に訪れたはずであるので、これを加えると遊行上人が病気平癒祈願や病気全快御礼供養にたずさわったのは一四五件になる。

病気平癒祈願の方法について書かれているものは必ずしも多くはなく、一一七件のうち三六件のみであるが、最も多いのは「十念」の授与であり、二五件に及ぶ。そのほかでは「加持祈禱」八件である。もちろんこのほかにも「名号授与」四件、「お守」二件、「神勅の札」一件、「放生会式（ほじょうえ）」一件、「施餓鬼」一件などもある。ここでは「十念」のみというものが多いが、そのほかでは「十念」とほかの方式の組み合わせで祈願する者も多い。ところで、「病気平癒祈願」をして病気が治り、「病気全快御礼」のためふたたび遊行上人を訪れた例を三つ挙げてみよう。

寛政八年（一七九六）四月六日、小堀ぬいは「病気平癒祈念」を遊行上人に依頼した。その後病気が治ったため四月十日には「病気全快御礼」に再度訪れている。その折お礼の品として蒸菓子一折を届けている。

寛政十一年十一月二十二日柊屋亀之助は「病気平癒祈念」のため遊行上人を尋ねている。祈願の方法については記されていないが、その後病気は治ったようである。寛政十二年一月六日「病気全快御礼」に再度上人をたずね、上人から「十念」を授与されている。この時亀之助は「御礼の品物をあげる」とのみ記されている。同年三月十四日にも亀之助は「病気全快御礼」に上人を訪れている。その折上人はまた「十念」を授けているが、亀之助はそのお礼として「白銀二封・芋の子・生花」を渡している。

寛政十一年十一月二十八日、先述の小堀ぬいは娘まつ姫（二三歳）のため「病気平癒祈念」を上人に依頼している。上人より「加持・御守」を与える、と記されている。さらに十二月一日小堀ぬいはまた上人を訪れ、「病気平癒祈念」を依頼して、「加持祈禱・御守」を受けた。小堀ぬいはこの時お礼の品として「新海苔三十葉」を届けている。十二月九日にはまつ姫は病気が治ったようである。小堀ぬいは「病気平癒祈念御礼」として遊行上人に会い、「十念」を受け、御礼として「銭二貫文・菓子一箱」を渡している。翌十二年十月十三日にも小堀ぬいは上人を訪れ、「病気全快御礼」を述べている。おそらく遊行上人の「加持祈禱・御守・十念」によってぬい自身と娘の病気が治ったものと思われる。

寛政九年、堀田亀次郎は遊行上人に「病気平癒祈念」を依頼した。『遊行・在京日鑑』によると、

堀田亀次郎殿病気につき、今日より七日の間御祈念の願来たり候ゆえ、昨夜御祈念これあり、寮舎・衆分中出勤これあり候て、出堂熊野前え神勅のお札、百疋台に載せて、下げ札に堀田亀次郎祈禱と認め書くなり、（中略）堀田家御使宅右衛門を以って右夜前のご挨拶かたがた、鉄吉（亀次郎）殿の御装束を持って、これは御加持をなし下され候様願い来る、早速日中後御加持これあるなり、夜前御加持のお札にて少々よろしきよう申し来る、披露に及ぶなり（中略）堀田鉄吉殿御病気全快のため放生会これあるにつき、今日没後方丈において大衆・寮舎・衆分中ならしこれあるなり、

とあり、堀田鉄吉（亀次郎）は京都所司代堀田正順（下総国佐倉藩主一一万石）の息子である。堀田氏の廟所は藤沢の時宗本山清浄光寺にもあり、時宗の有力な檀家でもあった。それゆえ遊行上人も父親である堀田正順の依頼に対して丁寧に対応している。まず堀田氏側から息子亀次郎の病気につき七日間の祈禱を依頼した。熊野権現の前に「神勅の御札」

（南無阿弥陀仏決定往生六十万人）を掲げ、銭一貫文を台に載せて供え、下げ札に「堀田亀次郎祈禱」としるしている。夕方に堀田家の使者が亀次郎の装束を持参して、これを加持祈禱して呉れるようにと依頼した。この時上人からは「十念」を授けている。さらに翌日放生会を行うための準備をしている。翌十九日の様子は次のようであった。

　堀田様より放生会これあるにつき、本堂荘厳前机出だし、盛物三宝に饅頭五十、煎餅五十あい供え、水鉢・御洗米前机え相供え、日中終りて法衣如法衣、放生会式（中略）四つ半時堀田家より鳩一籠・雀一籠・鰻一桶、右いずれも釣台にて来たる

とあり、堀田亀次郎の「病気平癒祈念」のため放生会を催していることがわかる。饅頭五〇と煎餅五〇、洗米などを供え、鳩一籠・雀一籠・鰻一桶などを放している様子が書かれている。

　翌二十日には「施餓鬼会」を開催している。この時も饅頭四〇・餅四〇を供え物として仏前に供えた。堀田氏の家臣神部宅右衛門が金光寺にやって来て、布施として金一両・銀三匁を納めている。なお別に放生会料として銭三貫文を届けた。

　九月十一日には堀田氏より亀次郎祈禱のお礼として松茸一折、氷川干飯七袋を届けている。

十月三十日には堀田亀次郎が全快した旨神部宅右衛門が報告に来て、菓子一折を届けている。

ところが、翌年の寛政十年一月二日堀田亀次郎は再度病に見舞われたようである。『遊行・在京日鑑』によると

亀次郎様御大病につき御祈禱願にきたる、即ち本堂熊野神前にてお勤め遊ばされ候なり

とあり、遊行上人が熊野権現に「病気平癒祈念」をしていることがわかる。しかしその甲斐もなく一月四日の条によると、

御所司代堀田大蔵大輔様より、亀次郎様御死去の由、神部宅右衛門より申し来たる、即ち御法名願来たる、

とあり、この日亀次郎が死去した旨連絡が入った。さらに法名（戒名）の付与を依頼している。

翌一月五日遊行上人はさっそく堀田亀次郎の法名をつけている。「春暁院殿浄阿清心覚夢大童子」と法名をつけ、名号札を渡している。この法名からすれば幼い子供であったと思われる。葬儀は一月十日京都時宗聞名寺で盛大に行われた。もちろん導師は五四代尊祐

である。堀田氏は銀七枚・煎茶一箱、大衆へ金二両・銭二貫文を届けている。

堀田亀次郎の四十九日の法要は三月二十三日に七条金光寺で行われている。この時は法要の後放生会も行われた。堀田氏は布施として上人へ銀二枚・煎茶五袋、大衆へ金二両、老僧中へ銭二貫文を届けている。

二月二十五日にも堀田氏は法事のお礼として茶一箱・銀三枚を上人に届けている。四月十三日は堀田亀次郎の百ヵ日に当る。七条金光寺で盛大に法要が行われた。堀田氏からの布施は銀二枚、老僧中へ銭二貫文、大衆へ金二両が届けられている。

京都所司代堀田正順の子息亀次郎は最初の病気は遊行上人の「病気平癒祈念」の祈禱で全快したようであるが、その後再度の病では叶わず、命を落とした。しかし遊行上人はその後葬式・四十九日・百ヵ日の法要を丁寧に行っている様子がわかる。

寛政十一年（一七九九）六月十七日、大坂屋藤七は「病気平癒祈念」のため遊行上人のもとを訪れ白銀一封を祈念料として払っている。しかし病気はなかなか良くならなかったとみえ、六月十八日・十九日・二十一日・二十二日・二十三日・二十四日・二十六日・二十七日・二十八日と連日のように遊行上人に祈念を依頼し、その都度白銀一封を献上している。このほか西瓜も三個贈っている。このように熱狂的な信仰者が存在したことは事実である。

次に安産祈願とお礼参りについて検討してみる。

安産祈願とお礼参り

遊行上人がやってくると、安産祈願を頼む女性がかなり多かった。五四代尊祐が京都に滞在した時の様子をみてみると、安産に関する記事は、寛政八年（一七九六）三月十五日〜同十二年（一八〇〇）三月二十日までの期間に六二件の記事を拾い出すことができる。「安産祈念」三六件、「安産御礼」二六件である。その折の尊祐の祈願の方法は「安産祈念」の時は「十念」と「安産守」を与えている。「安産御礼」の場合は「十念」のみが多い。礼金として尊祐が受け取っているのは、いずれの場合も銀一封が最も多い。そのほかでは「銭百文」が五件ある。「銭一貫文」が二件ほどである。品物を届ける例はそれほど多くはないが、たとえば鏡餅一重が二件、椎茸一折、慈姑（くわい）一三、米二升、松茸、干饂飩（ほしうどん）一箱、おぼろ昆布一袋、赤飯一重など、さまざまである。次に具体的にいくつかの例を紹介しよう。

寛政十一年七月十日、美濃屋たかは「安産願、熊野殿御膳料白銀一封奉る」とある。この場合熊野権現で祈念していることがわかる。その結果ほぼ二ヵ月後の九月十一日「美濃屋たか安産御礼、白銀奉る」とあり、無事安産であったようである。遊行上人の祈念の利益があったと考えるべきであろうか。

寛政十一年八月十五日、「智勇取次ぎにて、中川屋利助内いそ安産祈念相願、白銀一封上る、出産お礼中川屋利助内千代白銀一封上る」とある。これは智勇という尼が中川屋のいそを尊祐に取り次いで安産願いをしたようである。そして同じ日に中川屋内千代（姑か）が出産のお礼に尊祐をたずねている。その後、元気になった「いそ」は翌年一月九日「安産御礼、白銀一封献上するなり」と、尊祐にお礼参りに来ている。

なおまた遊行上人の利益は「安産祈念」をして無事出産し、「安産御礼」をしたものに対してさらに「産後の除病祈願」をしている例がある。

次に過去帳入りについてみてみたい。

布教と収入

過去帳入り

過去帳入りとは遊行上人が携行している過去帳に書き入れてくれることである。それは初代遊行上人一遍の時から歴代遊行上人が書き継いできた過去帳である。施主の宗派は関係ないので、この過去帳には他宗派の法名や神葬祭や儒葬祭の法名も書き入れられている。全国各地で書き入れている様子がわかる。

過去帳入りとは、近親者の法名を時宗過去帳に記入してもらい、毎日の勤行の折上人に菩提供養をしてもらうことを意味する。他宗派でいえば日牌(にっぱい)・月牌過去帳・繰り出し過去帳・日めくり過去帳にあたる。その供養料として報謝金を支払うのである。

ここでは特に五四代尊如が寛政三年（一七九一）四月〜寛政四年二月まで江戸に滞在し

た期間の様子についてみる。

寛政三年五月三日遠州浜松藩（六万石）主井上正甫家来馬場条左衛門が報謝金銭三貫文を献金し、三霊の過去帳入りを願い出た。

同月十八日小日向水道町伊勢屋吉兵衛が報謝金一両二歩献金し、六霊の過去帳入りを頼んだ。

同月二十三日牛込榎木町堀半一郎妻が報謝金一両献金し、四霊の過去帳入りを頼んだ。

同日牛込揚場町三河屋藤兵衛妻・同六郎兵衛妻各々二霊ずつ過去帳入りを願い、あわせて報謝金一両献金する。

同月二十五日新吉原山城屋九兵衛隠居が過去帳入りを願い出る。報謝金一両。

七月五日過去帳入り五霊。

七月八日御蔵前堀倉万平過去帳入り一九霊を願い出て、報謝金四両三歩を献金。

七月十七日坂倉権八が八霊、坂倉八九郎が二霊、坂倉長三郎が三霊、坂倉助太郎が四霊、坂倉万平が一八霊（合計金八両三歩カ）。

七月二十七日戸沢上総之助娘てつ、過去帳入りを願い報謝金一両を献金。

八月六日坂倉万平ら、施主四人にて過去帳入り一八霊、報謝金四両二歩。

八月十八日三河屋六郎兵衛、過去帳入りを願い、報謝金銭二貫文献金。

十月三日過去帳入り一二名（金三両カ）

同月二十九日堀留升屋源次郎過去帳入り一〇霊（報謝金二両二歩カ）。牧野勘四郎二霊（報謝金二歩カ）。

同月二十四日御蔵前坂倉万平過去帳入り金二両二歩と銭二貫文を献ずる。

寛政四年一月二十三日過去帳入り七人（報謝金一両三歩カ）。

同月二十九日過去帳入り数々あり。

二月一日過去帳入り数々あり。

二月二日過去帳入り著しくあり。

二月三日過去帳入り八〇霊あり。


と記載がある。これらは『遊行・在京日鑑』にたまたま記入された記事であり、ここで取り上げたのは報謝金額が記入されているもの、また過去帳入りの霊名が多いもののみである。これでみると遊行上人側は過去帳入りの報謝金として一霊につき金一歩ずつ取っていることがわかる。米に換算するとほぼ二斗五升にあたる。キロに換算すると三七・五キロに当る。かなりの金額である。遊行上人側の収入としてみると、過去帳入りの報謝金の収入は全体の収入の中でもかなり大きな比重を占めているといえよう。

次に加持祈禱について記してみる。

加持祈禱

ここでは五四代尊祐の時期に限って記してみる。尊祐はしばしば加持祈禱を行っているので、その例を取り上げてみる。

寛政三年八月二十日小西弥兵衛は加持料として銭五〇〇文を献納している。

九月十六日高木栄次郎娘はるは疱瘡の加持のため銭一貫文を献じている。

十月十三日加藤出雲守の代理の者は加持料として銭一貫文を献じている。

十月二十四日松平相模守奥方の代理の者は、「二才の善之進は躰毒（たいどく）左の眼に入り見えかね候につき加持願」銭一貫文を献じている。

十月三十日佐七という者加持願い、銭一貫二〇〇文献じている。

十一月十二日桜田御用屋敷藤崎殿病気につき加持願い、銭一貫文献じている。

十一月十六日仙台侯奥女中方参詣、御主人病気につき加持願い、銭一貫文を献じている。

十一月二十日山本照治郎加持願い、銭一貫文を献じている。

十一月二十九日薩州奥女中参詣、加持願い十念・御札請ける。銭四貫文献じている。

十二月三日休哲日々加持を受ける、金二朱。

十二月四日氷川伊勢屋治郎兵衛母加持願い、銀一包献じている。

寛政四年（一七九二）二月六日越谷本陣福井権右衛門加持願い、金二朱を献じている。

寛政九年（一七九七）六月四日京都おもだか屋いく、安産御加持願い。

十月二十五日京都「先達て御加持下し置かれ候人病気全快」とある。

寛政十年四月十八日京都松屋嘉兵衛妻「先達て病気全快の御加持願い候ところ、この節全快致し候」とある。

寛政十二年（一八〇〇）閏四月十二日大阪円成寺で加持願い五六とある。

いずれも病気を平癒させる加持祈禱であるが、病気の種類も疱瘡・眼病・安産・産後の肥立（ひだ）ちなどと多様である。その他では病名を記していないものが多い。また本人が出向かなくても、代参者でも全快している例もある。加持祈禱料は銭一貫文が相場であったようである。

化益・賦算

化益・賦算とは、遊行上人が自ら民衆に「南無阿弥陀仏決定往生六十万人」の神勅の札を手渡す行為である。遊行上人の布教をこれまで詳しくみてきたが、化益・賦算こそがもっとも一般的な布教方法であった。ほとんど毎日全国各地の滞在先で行っている。配布する場所は時宗の寺・他宗の寺・宿場の本陣・庄屋の家・道中のいずれであっても行っているが、宿場や道中の場合は民衆の要望に応じて何回でも行っている。しかし『遊行日鑑』『遊行・在京日鑑』にはその配った札の数が記されている例はきわめて少ない。たとえば「化益」「化益・賦算」「化益多し」「化益夥（おびただ）し」「化益群参」などと記されている場合が多い。要するに実数がわからない。その理由はなぜなのか、考えられるのは①歴代上人に随行する役僧が『日鑑』を書き継いでいるのは、遊行上人が次回廻国する時の参考にするためである。内容は将軍・天皇・大名との対応や、その家臣とりわけ藩の寺社奉行・町奉行などの動向や藩主の待遇などを詳しく書く必要があり、これが『日鑑』作成の目的であること、②『日鑑』の書記役が連日行われる化益・賦算の数字を常に把握していたとはいい難いこと、③書記役が几帳面な性格の人ばかりではなかったことなどが考えられる。そこで、書記役が割合詳しく記録している五四代尊祐の『遊行・在京日鑑』から比較的化益・賦算の札の数が多いものを拾い出してみた。

寛政三年（一七九一）五月十五日、江戸日輪寺滞在の時「御化益二千ほど」とある。

寛政四年六月二十八日、登米（とよま）（宮城県）常楽寺にて「御化益三千人」。

同年七月十八日、大迫宿（岩手県）にて「御化益弐千五百人余これあり候」。

寛政五年八月十八日、小千谷（おぢや）（新潟県）にて「今朝未明より御化益三千余人」。

同年十月二十三日、今石宿（富山県）本陣にて「御化益三千三百人これあるなり」。

寛政八年四月十九日～二十五日、京都四条浄土宗誓願寺参籠の時、七日間で七万一四〇〇〇人、一日平均一万二〇〇〇人、化益・賦算に参加。

寛政十二年四月十日、大坂円城院滞在中のこと、「御化益壱万三・四千人なり」。

同年同月十六日堺（大阪府）永福寺滞在の折、「ことのほか大群集、御化益壱万五千人余あり」。

同年同月十九日岸和田（大阪府）光明寺滞在の折、「御化益九千三百三拾人あり」「当所は日々詰合の役人衆、人数承り帰り候間、後代右の御心得御取計らい然るべく候」。

同年同月二十二日、「御賦算九千余」。

同年同月二十三日、「今日の御化益七千八百人」。

同年同月二十四日、「今夕までの御化益七千八百余」。

同年五月十四日～二十九日の分は先にみたように熊野参詣の期間である。この間の化益・賦算は一日平均約四、九〇〇枚。

これまでみたのが尊祐の時の比較的数が多い分である。これでみる限りはやはり京都・大坂・和歌山と、町場のほうが大勢の人が集まっている。

また岸和田光明寺の項にみえるように、藩の役人が化益・賦算の人数を提出させている場合もあったようである。このことが『日鑑』に実数を残すことになったと思われる。

次に尊祐以外の上人の化益の例も挙げてみよう。

五一代賦存は先述のように延享元年（一七四四）二月磐城（いわき）（福島県）平の城西寺で、一〇日間で三万六三〇〇人の化益・賦算を行っている。

五三代尊如は先述のように安永四年（一七七五）四月二十一日～二十七日、京都誓願寺参籠中に五万四八五二人に化益・賦算を行っている。一日平均七八三六人になる。

五六代傾心は文政八年（一八二五）十月八日より一週間益田（島根県）萬福寺に滞在しているが、その折の記録「遊行五六世上人御移仮日記」（益田萬福寺文書）によると、

上人当山にて御札御化益、御着日八日三千九百五拾人、九日三千五百八拾八人、十日

三千三百廿人、十一日五千四百四拾三人、十二日四千四百七拾三人、十三日六千六百九拾六人、十四日七千七百六拾人、総〆三万五千弐百三拾人、先年よりはこの度御逗留相減じ候得共、天気は宜敷（よろしく）、諸参詣人多く、御前はじめ諸役僧大機嫌大悦び遊ばされ候、

と記されている。一日平均約五〇〇〇人を集めており、化益・賦算に多くの参詣者が集ったことに対して、五六代傾心が喜んでいる様子が書かれている。しかし、清浄光寺に残る『遊行・在京日鑑』にはこの時の化益・賦算の札数やその様子はまったく記されていない。その意味では益田萬福寺の史料は貴重なものである。

五七代一念は、先述のように嘉永二年（一八四九）閏四月、北海道へ渡っているが、函館では一万六七〇〇人、松前では二万七〇〇〇人の化益・賦算をそれぞれ行っている。

このように歴代上人をみてくるといずれもかなり多くの人々を集め化益・賦算を行っていることがわかる。

その他の布教活動

以上のように遊行上人の布教方法について検討したが、もっとこの他にも種々の形で布教を試みている。次にその主なものを列挙してみると、①十念の授与、②日課念仏の誓約、③血脈（けちみゃく）の授与、④宝物開帳と絵解き、⑤回

向（一周忌・三回忌などの十五仏事）、⑥名号（南無阿弥陀仏の札）の授与、⑦百万遍念仏数珠へ名号の付与、⑧雨乞いの祈禱などである。

時宗宗内に限っていえば、時宗僧侶たちへの僧階の付与、末寺への僧侶の派遣・移動、また時宗末寺の配下にいる下級僧侶への「阿弥号」の付与、などきわめて多種多様である。

要するに遊行上人の布教活動は、現世と来世の安穏を願う民衆の信仰に対してさまざまな修法で対応していき、現世での民衆の要望に応じて利益を与え、来世での極楽往生の保証をしたのである。遊行上人の布教方法はまさに祈禱と葬祭を矛盾なく展開させ、多くの民衆の心を捕えたといっていい。大抵のことは何でも解決してくれる「生き仏」（遊行上人）としての信仰が強烈であったといえる。一般的にいえば、化益・賦算で札をもらえば現当二世（げんとうにせ）の安穏が保証されるが、しかし民衆の感情としてまだ不安が残るとすれば、これまでみたような遊行上人の手法をさらに重ねてもらえば安心だと思うのが心情であろう。そこをうまくついたのが遊行上人の真骨頂ともいえるし、民衆の信仰を独占した証でもあろう。

しかし明治維新になり幕府が崩壊すると、その権威に依存していた「伝馬朱印」は廃止され、一方天皇から勅賜されていた「他阿上人号」も廃止された。さらに全国各地で遊行上人廻国を支えていた多くの大名たちも国家神道の展開とともに神葬祭に転じ、これまでの遊行上人や時宗末寺の保護から廃仏毀釈に転じ、時宗の多くの末寺が経営すら覚束なくなり、廃寺となってしまった。このことは遊行上人にとっては全国廻国の足場を失うことになった。

また、明治政府の法令で、それぞれの地域で末寺を支えていた念仏講を初めとする各種の講が解体され、近世には隆盛をきわめた生き仏遊行上人の信仰は停滞することになった。また時宗教団側としては明治以降は遊行上人を押し立てて全国を廻国することもなくなり、遊行上人は本山の清浄光寺に止住することになり、他宗派と同様の教団組織となってしまった。そのことで、近世には隆盛をきわめた時宗教団もその勢力を失った。昔日の面影はないといえる。

あとがき

遊行聖について小生が関心をもつようになったのは一九七〇年、藤沢市史の調査ではじめて清浄光寺の倉に入り膨大な史料に接する機会を得たときからである。その折同道したのは児玉幸多・杉山博・角川源義の三先生と畏友高野修氏の四人、計五人であった。早速清浄光寺の許しを得て『遊行日鑑』・『藤沢山日鑑』の撮影にとりかかった。その時のフィルムは藤沢市文書館に所蔵されている。その後四～五年かけて多くの研究者や大学院生・学部生の協力を得て大量の史料を整理し、目録を作成した。作業が一段落した時、調査に参加した研究者と一緒に『遊行日鑑』の一部分（正徳元年＝一七一一～宝暦一〇年＝一七六〇）の五〇年分を三巻に分けて、一九七七年～九年に刊行した。その後は新たに発見された史料も含め高野修氏が中心となり『遊行・在京日鑑』（享保二年＝一七一七～文久三年＝一八六三）一五巻が刊行された。一方清浄光寺の公的日記である『藤沢山日鑑』（正徳元年

＝一七一一～明治七年＝一八七四）は地元の研究者の協力を得て藤沢市文書館が一九八三年から一年一冊ずつ刊行し、現在二九冊出版されている。これ以外の史料も多量に残っているが、それは巻末に記した参考文献の目録で照合して頂きたい。

この間にあって清浄光寺には宝物館が新設され、大量の史料はここに保存され、公開されている。残念なことにはご指導頂いた三先生はいずれも相次いで他界された。

ところでこの四〇年間折に触れて二七本の近世遊行上人に関する論文を書いてみたが、今回はそれらを足場にして『遊行聖』として一冊にまとめてみた。生き生きとした遊行聖が描けたかどうか聊か心もとないが、読者のご叱正・ご教示をいただきたいと思う。

本書をまとめるにあたり高野修・長谷川匡俊・長島尚道のお三方には大変お世話になった。また執筆を慫慂された吉川弘文館編集部大岩由明氏と編集を担当された板橋奈緒子氏には、記して謝意を表する次第である。

二〇一一年十二月吉日

圭室文雄

参考文献（今回執筆に利用したもののみを掲げた）

著書

『遊行寺』　橘俊道　名著出版

『時宗の寺々』　禰宜田修然　三島市田福寺

『遊行・藤沢歴代上人史』　禰宜田修然・高野修　松秀寺

史料集

『遊行日鑑』一〜三巻　圭室文雄編　角川書店

『遊行・在京日鑑』一〜一五巻　高野修編　府中市称名寺

『藤沢山日鑑』一〜二九冊　藤沢市文書館

『時宗近世史料集』一〜三巻　高野修編　松秀寺

目録

『時宗研究文献目録』上下　永島尚道　佼成出版社

『全国時宗史料所在目録』　圭室文雄編　大学教育社

『藤沢市史資料所在目録稿』第一一〜一二集　藤沢市文書館

『藤沢山日鑑』別巻　近侍者記録一（巻末目録）　藤沢市文書館

著者紹介
一九三五年　神奈川県に生まれる
一九五九年　国学院大学文学部史学科卒業
一九六五年　明治大学大学院文学研究科史学専攻博士課程単位取得
現在　明治大学名誉教授・大乗淑徳学園理事
主要著書
『江戸幕府の宗教統制』（評論社、一九七一年）『神仏分離』（教育社、一九七七年）『日本仏教史　近世』（吉川弘文館、一九八七年）『葬式と檀家』（吉川弘文館、一九九九年）『總持寺祖院古文書を読み解く―近世曹洞宗の展開―』（曹洞宗宗務庁、二〇〇八年）

歴史文化ライブラリー
338

江戸時代の遊行聖

二〇一二年（平成二十四）二月一日　第一刷発行

著　者　圭室文雄（たまむろふみお）

発行者　前田求恭

発行所　株式会社吉川弘文館
東京都文京区本郷七丁目二番八号
郵便番号一一三―〇〇三三
電話〇三―三八一三―九一五一〈代表〉
振替口座〇〇一〇〇―五―二四四
http://www.yoshikawa-k.co.jp/

印刷＝株式会社 平文社
製本＝ナショナル製本協同組合
装幀＝清水良洋

歴史文化ライブラリー

1996.10

刊行のことば

現今の日本および国際社会は、さまざまな面で大変動の時代を迎えておりますが、近づきつつある二十一世紀は人類史の到達点として、物質的な繁栄のみならず文化や自然・社会環境を謳歌できる平和な社会でなければなりません。しかしながら高度成長・技術革新にともなう急激な変貌は「自己本位な刹那主義」の風潮を生みだし、先人が築いてきた歴史や文化に学ぶ余裕もなく、いまだ明るい人類の将来が展望できていないようにも見えます。

このような状況を踏まえ、よりよい二十一世紀社会を築くために、人類誕生から現在に至る「人類の遺産・教訓」としてのあらゆる分野の歴史と文化を「歴史文化ライブラリー」として刊行することといたしました。

小社は、安政四年(一八五七)の創業以来、一貫して歴史学を中心とした専門出版社として書籍を刊行しつづけてまいりました。その経験を生かし、学問成果にもとづいた本叢書を刊行し社会的要請に応えて行きたいと考えております。

現代は、マスメディアが発達した高度情報化社会といわれますが、私どもはあくまでも活字を主体とした出版こそ、ものの本質を考える基礎と信じ、本叢書をとおして社会に訴えてまいりたいと思います。これから生まれでる一冊一冊が、それぞれの読者を知的冒険の旅へと誘い、希望に満ちた人類の未来を構築する糧となれば幸いです。

吉川弘文館

〈オンデマンド版〉
江戸時代の遊行聖

歴史文化ライブラリー
338

2021年（令和3）10月1日　発行

著　者　圭室文雄（たまむろふみお）
発行者　吉川道郎
発行所　株式会社　吉川弘文館
〒113-0033　東京都文京区本郷7丁目2番8号
TEL　03-3813-9151〈代表〉
URL　http://www.yoshikawa-k.co.jp/

印刷・製本　大日本印刷株式会社
装　幀　清水良洋・宮崎萌美

圭室文雄（1935～）

ISBN978-4-642-75738-6